KB160444

호랑이 나라

호랑이 나라

경·계·인·의·꿈·과·해·방·이·야·기

김현선 지음

이담 Books

일러두기

1. 책에 실린 사진은 전부 필자가 촬영한 것이다.
2. 구술자 이름은 모두 가명이다.
3. 본문 중 일부 서술은 필자의 기존논문을 참조하였다.

[참고문헌]

김현선, '국적과 재일 코리안의 정체성', "경제와 사회"(83호), 2009.

김현선, '재일의 귀화와 아이덴티티', "사회와 역사"(91집), 2011.

김현선, '재일 밀집지역과 축제, 아이덴티티', "국제·지역연구"(20권 1호), 2011.

4. 이 책은 필자의 저서 "오사카 아리랑(2012, 이담북스)" 중 일부분을 전면적으로 새로 구성하고 보완 수정 집필하여 새 저서로 출간한 것이다.

序文

이 책은 한국 땅 바다 건너 섬나라에 사는 '조센진' 이야기이다.

그중에도 본인이 자발적으로 '조센진'을 선택하고 살아가는, 평범한 보통 사람들이 자신의 생애 경험과 내면을 들려주는 구술기록이다.

일본에서는 해방 전 일본으로 건너가 사는 在日 朝鮮人(자이니치 조센진)을 줄여서 '재일'로 부르는데, 在日의 일본 발음인 '자이니치'가 그대로 재일 조선인을 부르는 고유명사가 되었다.

망국의 시기, 유학이나 일자리를 찾아 조선에서 일본으로 건너간 사람 중에서 1945년 해방되고 돌아오지 않은 조선인이 60만 명 정도였는데, 이 사람들이 재일의 출발이다.

그러니까 재일 조선인의 역사는 대략 100년이 지나고 있는 셈이다.

시간이 흐른 만큼 현재는 재일 집단 내부도 상당히 다양하게 분화되었고 그에 따라 크고 작은 변화가 이어졌다.

조선에서 바다 건너간 1, 2세대를 거쳐 일본에서 태어나고 일본말을 하며 일본학교에 다니는 외관상으론 완전히 일본인으로 보이는 3, 4세대에서 지금은 5세대로 이어지고 있다.

자연히 그동안 일본인과의 결혼은 계속 증대하고 일본 국적으로 귀화하는 사람도 꾸준히 증가하고 또 가장 주요하게는 사람들의 의식도 점점 바뀌면서, 주류 일본 사회에 동화 흡수되어 일본인으로 편입되어 살아가는 인구가 급격하게 증가해 왔다.

반대로, 그만큼 재일의 규모는 그동안 현저하게 감소하였다.

'사실, 나는 재일 조선인이야!'

커밍아웃이란 말은 보통 동성애자가 자신의 성적 정체성을 공개적으로 표명하고 선언하는 경우에 사용한다.

그런데 일본 사회에선 그 나라만의 독특한 커밍아웃 사례가 있는데, 바로 재일이 자신이 조선인임을 공개적으로 고백하는 경우에 이 말을 사용한다.

조선인을 숨기고 일본인처럼 살던 재일이 친구나 동료나 사람들에게 조선인이라는 사실을 고백하는 것을, 성적 소수자의 커밍아웃에 빗대서 일본 사회에선 오래전부터 커밍아웃이라는 말을 써왔다.

그러니까 이 용어는 그 자체 일본 사회가 재일 조선인에게 얼마나 차별적이고 배타적이었는지를 반증하는 말과 다름없다.

어느 사회의 소수민족이 '나는 어느 나라 사람'이라고 본인의 민족 출신조차 말하지 못하고 숨기고 감추면서 일본 이름을 쓰고 일본말을 하면서 주류 일본인인 척 산다는 건, 그만큼 주류사회의 제

도와 분위기가 극도로 폐쇄적이고 차별적이라는 걸 반영하는 것일 테니까 말이다.

오랫동안 이어진 일본 사회의 극심한 차별 때문에, 재일은 어릴 적부터 '나도 일본인이 되고 싶다'는 생각을 하며 자라는 경우가 있다. 이런 경우, 성장하게 되면 취직과 결혼 등의 차별을 피하려고 일본 국적으로 귀화를 한다.

법적으로 주류인이 되는 것이다.

그러나 공교롭게도 일본인이 되고 싶은 열망을 안고 살아가던 사람이 귀화했다고 해서, 즉 '주류인 콤플렉스'가 실현되었다고 해서 귀화한 모든 사람이 일본인의 삶을 기꺼이 받아들이고 만족하며 사는 건 아니다.

그러니까 법적으로 소수자 조선인에서 주류 일본인으로 바뀌었다고 해서, 자신의 내면과 정체성까지 서류처럼 단번에 바뀌지는 않는 것이다.

역설적이게도, 오히려 내가 만난 사람 중에는 귀화하여 법적으로 일본인이 된 뒤에 필사적으로 숨겨왔던 자신의 진짜 얼굴을 비로소 진지하게 고민하기 시작한 사람들이 있었다.

그 결과로 자신이 전연 의도하지 않았던 방향으로 삶의 궤적이 바뀌는 사례들이 있었는데, 귀화하고 나서 절대로 들어가고 싶지 않던 재일 집단에 자신의 발로 스스로 걸어 들어가는 사람들이 그 예이다.

'주류인 콤플렉스'가 실현되고 나서 오히려 자신을 차별받는 소수자 재일로 규정하고 살아가다니, 얼핏 보면 이해하기 힘든 사례들이다.

어느 사회 어느 인간이든 간에 본인 스스로 주변인이 되려고 하거나 차별받는 소수자 집단이 되기를 원하지는 않을 것이기 때문이다.

그런데도 이들은 왜 자신을 재일 조선인으로 규정하고 살아갈까?

하물며 법적으로 말한다면, 이들은 일본 국적의 일본인인데 말이다.

이 책은 내가 만나 인터뷰를 한 재일 조선인의 생애와 내면을 소개한 것인데, 개별적으로는 여러 차이가 있음에도 불구하고 이들에게 공통점이 있다면 바로 전적으로 자신을 재일로 규정하거나 아니면 자신의 일부를 그렇게 규정하고 있는 점이다.

물론, 이들의 인적사항은 다양하다.

국적(조선적, 한국국적, 일본국적)과 피(조선인, 조선인과 일본인의 혼혈)와 세대(재일 2세, 3세, 4세)와 연령대(20대, 30대, 40대, 60대)와 조선의 출신 고향(경상도, 전라도, 제주도)과 성별 등에서 그렇다.

앞서 말한 것처럼, 일본 사회에서 재일의 규모는 격감하였다.

하물며 이들은 일본의 통계상 재일 조선인으로 집계되지도 않는 서류상 일본사람들이다. 그러니까 이들은 수적으로 말한다면, 일본 사회에서 극히 소수의 예외적인 사람들이라고 할 수 있다.

***

그런데 꼭 귀화자가 아니더라도, 재일 3, 4세대가 기성세대가 된 요즘은 귀화하지 않은 조선적이나 한국 국적자의 재일도 외관상으로만 보자면 일본인처럼 보이기는 마찬가지이다.

오히려 한국적인 요소를 찾기가 힘든데, 이들은 일본에서 태어나고 일본 음식을 먹고 일본어로 말하고 일본어로 생각하고 일본어로 꿈을 꾸며 일본 땅에서 살아가기 때문이다.

따라서 이들은 가만히 있으면 외관상 일본인 얼굴을 하고 있기 때문에, 겉으로 보이는 제 얼굴을 바꿔 거꾸로 내면의 자신의 얼굴을 드러내는 의식적인 노력을 해야만 자신의 진짜 얼굴을 남에게 보일 수 있다.

그런데도 이들은 왜 또 자신을 재일 조선인으로 규정하고 살아갈까?

필사적으로 자신의 겉모습을 바꾸어야만 하는 힘겨운 일인데도 말이다.

물론, 같은 코리안으로 규정하더라도 한국 영토 안의 한국 사람과 이들과는 크게 다른 점이 있다.

한국 사람에게 한국인은 선천적으로 주어지는 당연한 거라면, 그들은 후천적인 의지로 선택하고 학습하는 것이다. 즉, 피나는 노력과 필사적인 내적 외적 싸움을 통해서 획득하는 점이다.

따라서 이들의 일반적인 코리안의 기준은 한국인이 흔히 생각하는 것과 다르다. 왜냐하면, 그들은 국적과 피의 여부를 떠나서 자신의 주관적인 의지로 귀속하는 나라와 민족을 선택하니 말이다.

아마 이러한 사람들의 생애 경험과 생각이, 일국가 일민족 일국적의 비교적 단일 문화에 익숙한 한국인의 시각에서는 어쩌면 많이 특별하고도 매우 예외적으로 보일지도 모른다.

우리말을 못 하는 이들은 한국인인가? 아니면 일본인인가?

이들은 왜 일본 사회에서 살아가기 불리한 차별의 딱지나 다름없는 한국 국적과 조선적을 아직도 고수하며 살아갈까?

그런데 또 한국 사람의 시각에서 독특한 사례로 여겨질 수 있는 이들의 이야기를 잘 들어보면, 어느 사회에서나 소수자로 또 주변인으로 살아가는 사람들과 별반 다르지 않은 공감 가는 경험들이 있다.

매우 다른 듯하면서 또 크게 다르지 않은 이들의 이야기를 자세히 소개하려고 마음먹은 건, 단순히 그들이 외국 땅으로 이주한 지

오랜 시간이 흘렀음에도 아직도 자신을 코리안으로 규정하고 살아서가 아니다.

바로, 주류 일본 사회로부터 오랫동안 제도적 비제도적인 차별을 받아왔으면서도 스스로 피해자 콤플렉스에 갇혀있지 않고, 대신에 '조센진'에 덧씌워진 부정적인 요소들을 거꾸로 긍정적인 요인들로 전환시키면서 자신의 삶을 주체적으로 재구축하려는 고투를 엿보았기 때문이다.

그건, 과거 많은 1세와 2세가 그랬던 것처럼 조선인인 자신을 부끄러워하고 싫어하고 감추며 일본인의 가면을 쓰고 살아가는 것과는 완전히 대비되는 삶이다.

즉, 오명과 낙인의 '조센진' 집단에서 필사적으로 도망치고 자신의 존재를 부정하는 게 아니라, 반대로 이들은 재일 '조센진'의 존재를 본인 스스로 선택하고 받아들이고 있다.

그러나 또 그건, 많은 1세와 2세가 그랬던 것처럼 자신을 부끄럽고 열등한 존재로 여기며 내면에는 주류인이 되고 싶은 열망을 가득 품고 사는 불안한 존재로서 재일 '조센진'도 아니었다.

그들은 역사적 사회적 민족적인 피해와 희생과 불리함을 뚫고, 당당히 소수자로서 재일의 존재를 새롭게 설정하고 창조적으로 자신의 삶을 재구축하려고 애쓰고 있었다.

그러니까 이들이 선택하는 재일은 과거 세대가 그랬던 것처럼 일본 사회와 마냥 적대적이고 대립적인 관계로만 설정하는 재일이 아니라, 변두리에 모여 살면서 차별자 일본 사회와 거리를 두고 게토에 숨어 살던 피해자 재일이 아니고, 주류사회와 공생을 지향하는 일본 사회의 주체적인 소수민족 구성원으로서 당당히 '조센진'을 선택하는 것이다.

주류 일본인들이 혐오하고 멸시해 마지않는 '조센진'의 이름표 따위, 그까짓 것 기꺼이 내 가슴팍에 크게 써서 붙이고 다니겠노라 외치는 것처럼 말이다.

이들은 당당하게 말한다.

'나는 조선인이며, 또는 한국인이며, 또는 재일'이라고 말이다.

이 책에는 이처럼 재일 조선인으로 살아가는 사람들이 제각각 경험한 내면의 불안과 죄의식과 꿈이 있고, 또 상처와 아픔을 승화시켜 일궈온 소소하고 평범하지만 특별하고 장한 용감한 커밍아웃과 해방과 역전의 이야기가 있다.

***

사실, 지금까지 재일은 매체와 글에서 가해자 일본에 대립적인 피해자로 그려 온 게 많았다.

그러니 당연히 재일의 이미지라고 하면, 어둡고 우울하고 불편하고 비극적이고 여하튼 좋지 않은 수동적인 희생자의 인상들이 연상되었다.

그러나 실제로 내가 만난 일반인들은 꼭 그렇지만 않았는데, 오히려 자신에게 주어진 존재와 삶을 누구보다 주체적이고 적극적으로 재설정하고 개척하려고 애쓰는 사람들이었고, 내가 이들에게서 받은 쾌활한 생기와 긍정의 에너지는 시간이 오래 지난 지금도 잊히지 않는다.

어느 사회나 다양한 집단의 소수자와 비주류는 있기 마련이다.

그런데 이 책에서 소개하는 재일 집단의 특성과 일본 사회의 독특성 때문에, 어쩌면 이들의 경험이 대체적인 소수자 저항방식의 전형이라고는 말할 수 없을지도 모른다.

놀랍게도 이들은 주류인이 되려고 애쓰지 않고, 오히려 차별자 주류인이 되기를 거부하면서 되레 피차별자 소수자를 선택하니 말이다.

그래서 그럼에도 불구하고, 별반 특별하지도 유명하지도 않은 평범한 보통 사람들이 들려주는 내적 해방과 역전의 삶이야말로 가해·희생과 차별·피차별의 이항대립 도식을 깨고, 대신에 주체적인 소수자로서의 의식과 삶을 최대한 추구한다는 점에서 가히 모범사례로 꼽고 싶은 사람들이다.

그동안 일본 사회에서 재일은 외면과 내면까지 완전한 일본인이 되어 살거나, 그렇지 않으면 그대로 차별받고 멸시받는 '조센진' 자이니치로 사는 양자택일의 삶 말고는 달리 선택의 여지가 없는

구조였고 분위기였다.

그러나 이들은 일본 사회가 알게 모르게 요구하는 것처럼 조선 사람 아니면 일본사람 중 단 두 개의 선택지만 가능한 게 아니란 걸 말하고 있다.

이들은 말한다.

'난 한국도 북한도 모두 포함하는 조선인'이라거나.

또, '난 한국의 한국인이 아니라, 조금 다른 한국 사람'이라거나.

또, '나는 일본인이면서 조선인'이라거나.

또, '나는 완전한 일본인이 아니라 재일'이라고 말이다.

오랫동안 재일 조선인은 일본인 주택가에 진입하여 살지 못하고, 변두리에서 빈민촌을 이루고 살거나 심지어 돼지와 소를 키우는 하천 둑에 판잣집을 짓고 사는 극빈자들도 있었다.

그런데 하천 변에서 돼지와 함께 살던 재일이 더 비참했던 건, 곤궁한 생활 자체보다도 실제로 일본인들이 이들을 개돼지의 짐승으로 취급하고 멸시한 것인지도 모른다.

그래서 지금 이 시대에, 이들이 들려주는 획기적이고 자유자재한 자기 정체성의 규정과 실천이 배타적이고 폐쇄적인 섬나라에 던지는 통쾌한 일갈로 들린다고 하면 과장일까.

일본 사회는 끊임없이 일본인이 되라고 강요하기 때문에 어릴 적부터 자연스레 주류 일본인이 되고 싶은 생각을 하게끔 만드는 분위기이다.

그래서 재일에게 있어서는 매우 힘들고 어려운 선택이지만, 그래도 그까짓 '주류인 콤플렉스'쯤은 정말로 개돼지에게나 줘버리고 당당히 자신의 진짜 얼굴 그대로 살아가려는 사람들이 생겨났다.

재일 '조센진'으로 또는 반쪽 재일 '조센진'으로 말이다.

이들은 말한다.

'난 일본 사회가 요구하는 올바른 일본인이 아니고, 완전한 일본인도 아니다'라고 말이다.

게토 안에 숨어있지 않고 당당히 일본 사회 밖으로 걸어 나온 이들.

되는대로 쉬운 길을 가지 않고 구태여 어려운 길을 걸어가는 이들.

식민 종주국 섬나라에서 오랫동안 개돼지로 멸시받아 온 '조센진' 후손들이 침착하지만 묵직하게 일갈하는 퍽 신선하고 당찬 그들의 용감한 목소리가 주류 일본 사회와 또 한국 사회에도 전해지면 좋겠다.

***

이 책은 아홉 명의 구술 생애사를 기록한 것이다.

그런데 글 중에서 짧게 소개하는 네 명을 포함하면 모두 열세 명의 이야기가 있다. 여덟 개의 절은 각각 독립적인 내용이지만, 편의상 네 개의 장으로 구성하여 소개했다.

1장은, 자신을 '한국 사람'으로 규정하는 사람들이다.

2장은, 배우자가 일본인인 사람들이다.

3장은, 일본인과 조선인 사이에 태어난 사람들이다.

4장은, 자신을 '조선사람'으로 규정하는 사람들이다.

매우 민감하고 사적인 경험과 속내를 과감하고 진솔하게 말해준 홍민옥 씨(귀화자), 배해숙 씨(한국국적), 이건필 씨(귀화자), 니시하라 씨(한국국적), 가네모토 씨(일본국적)와 최재희 씨(일본국적), 황선경 씨(일본국적), 송미순 씨(조선적), 권화정 씨(한국국적) 그리고 이 외 김태구 씨(귀화자), 배용학 씨(한국국적), 정호석 씨(조선적), 문영수 씨(조선적)에게 오랜 시간이 지났지만, 진심으로 감사의 말을 전하고 싶다.

또, 여기선 소개하지 못했어도 일본 현지에서 인터뷰했던 다른 모든 분들에게도 감사드린다.

모쪼록 이 책이 열세 명 모두에게 누가 되지 않기를 진정 바라고, 본인이 자발적으로 선택한 '조센진'의 삶의 발걸음이 언제나 당당하고 떳떳하기를 희망한다.

목차

勇氣

제1장

—

용
기

01

한국말로 말하지 말아요!

할머니, 한국말로 크게 말하지 말아요!

홍민옥 씨는 교토에서 나고 자랐다.

재일 2세인 그녀 아버지는 결혼 전에 귀화했고, 남동생은 아버지의 국적대로 태어나면서부터 일본 국적이었다.

그런데 그녀는 한국 국적이었다.

그녀는 어린 시절이라 정확한 사정은 잘 모르겠지만 아마도 어머니가 한국 국적이어서 어머니의 국적으로 올린 게 아닌가 말했는데, 당시 일본의 국적법상 모계 쪽 국적을 선택할 수는 없었을 것이다.

여하튼 어떤 사정인지, 그녀 가족의 국적은 아버지와 남동생은 일본 국적이고 홍 씨와 어머니는 한국 국적으로 다국적으로 이루어졌던 것인데, 사실 이러한 다국적 가정은 재일 가정에서 흔히 볼 수 있는 경우이다. 재일에게는 일본 국적과 한국 국적과 조선적의 세 개의 국적이 있으니 말이다.

홍 씨는 태어나면서부터 줄곧 성이 요시가와인 일본 이름으로 살았다.

서류상 법적 이름은 한국 이름이었지만, 성인 洪을 우리말로 어떻게 읽는지 잘 몰랐고 이름은 더군다나 몰랐다.

내게 소개한 홍민옥의 이름은 성인이 되고 나중에 사용하기 시작한 이름이다.

어릴 때, 그녀는 가정에서도 한국말로 대화한 적이 없다.

대부분 재일 2세가 그러한 것처럼 그녀 아버지도 우리말을 전연하지 못했다.

할머니와 함께 살았는데 할머니도 집에서는 한국말로 대화하지 않았다. 그도 그럴 것이, 할머니 말고는 가족 누구도 우리말을 할 줄 아는 사람이 없었다.

그래도 그녀가 아주 가끔 집에서 우리말을 듣는 기회는 할머니였다.

할머니의 친구가 이따금 집으로 놀러 오는 날, 그녀는 유일하게 한국말을 들었다. 평소에는 일본말을 하는 할머니가 친구와는 우리말로 대화를 나누곤 했다.

그런데.

어릴 적, 그녀는 할머니 친구가 오는 날이면 불안했다.

할머니들이 큰 소리로 떠드는 한국말이 밖으로 새어나가서 동네

사람들이 그 소리를 알아들을까 겁이 났기 때문이다.

"할머니, 한국말로 크게 말하지 말아요."

홍 씨는 할머니에게 목소리를 낮추라고 말을 하곤 했다.

"할머니, 목소리를 좀 낮춰요."

홍민옥 씨 가족은 조선인이라는 걸 동네 사람들에게 말하지 않고 숨기고 살았다.

그런데 마침 누가 길을 지나가다가 한국말을 듣게 되고, 그래서 그녀 가족이 조선인이라는 사실이 동네 사람들에게 알려질까 봐 두려웠다.

어린 시절부터, 그녀는 왠지 모르게 조선인은 절대로 탄로 나면 안 되는 것으로 생각했고, 그래서 할머니들이 얘기하는 한국말이 매우 신경 쓰이고 불안했다.

쟤는 조센진이래

홍민옥 씨가 유치원 시절.

그녀 가족이 다른 동네로 이사 갔다. 새로 이사 간 동네에서 홍 씨와 남동생이 유치원에 지원서를 냈다.

그런데 유치원에서 동생만 받아주고 그녀는 받아주지 않았다. 따라서 동생은 그 유치원에 다니고, 홍 씨는 버스로 몇 정거장 떨어진 곳에 있는 유치원에 다녔다.

동생만 왜 가까운 유치원에 들어가고 그녀는 못 들어갔는지, 그 때는 당연히 영문을 모르고 집에서 멀리 있는 유치원을 다녔다.

그런데, 그 이유가 홍민옥 씨가 한국 국적이어서 집 근처 유치원에서 받아주지 않았다는 걸, 시간이 한참이 지나 그녀가 스무 살이 넘은 뒤에야 아버지에게 사정을 듣고 알게 되었다.

그녀 혼자 버스 몇 정거장 거리를 걸어 다닌 유치원.

"저리 가, 저리 가!"

거기서, 그녀가 한 남자애의 옆에 앉게 되거나 가까이 있게 되면, 유독 그 남자애가 홍 씨가 가까이 가는 걸 싫어했다.

'남자애들은 내가 싫은가 보다.'

그 유치원의 남자애들과 여자애들이 전반적으로 그다지 친하게 지내지 않는 분위기였다. 어린 꼬마였던 그녀는 별로 대수롭지 않게 생각하고 지내면서 그 유치원을 졸업했다.

그런데.

남자애 몇이 유달리 그녀를 가까이 못 앉게 하고 따돌림을 한 것이 그녀가 조선인인 걸 알고 고의로 그랬다는 것도, 한참이 지나 스무 살 넘어서야 알았다.

이사 간 동네에 홍 씨네가 조선인이라는 게 어느새 소문이 났고 그래서 아이들도 부모들이 말하는 걸 듣고 알았을 것이라고, 아버지가 옛날얘기를 해 주었다.

초등학교에 입학했는데, 같은 반에 재일 아이가 한 명 있었다.

"쟤는 조센진이래."

"쟤는 조선에서 왔대."

친구들이 그 아이 뒤에서 수군거렸다.

"조선으로 돌아가!"

'조센진'이라고 수군대는 아이들의 어감은 역시, '쟤는 이상한 아이' '쟤는 못난 아이' '쟤는 안 돼'라는 분위기였다고 한다.

그러던 어느 날.

한 친구가 그녀에게 다가와서 귓가에 대고 속삭이며 말을 해 주었다.

"요시가와, 이건 비밀인데 말이야."

그 친구는 대단한 비밀을 알려주듯 그녀의 귀에 손을 가리고 은밀히 속삭였다.

"쟤 조선에서 온 아이래. 더러운 조센진이래."

그때, 초등학교 1학년이었던 홍 씨 아니 요시가와 씨는 친구의 말에 아무 말도 하지 못했다.

다른 일본 애들처럼, '그래? 이상한 애구나', '더러운 조센진이구나' 뭐라고 응대를 하며 놀라는 기색을 보여야 하는데, 그녀는 한마디도 나오지 않았다고 한다.

'나도 조선인인 게 들통나면, 애들이 뒤에서 수군대고 욕을 하겠구나.'

'나도 이상하고 더러운 아이로 욕하겠구나.'

아주 어릴 때부터, 그녀는 자신이 조선인이란 사실은 어떻게든 감추고 숨겨야 하는 것으로 알았다. 절대로 들키면 안 되는 것으로 말이다.

재일은 숨겨야 하는 게 맞구나

어린 시절부터 학창시절까지 그녀는 줄곧 요시가와로 살았지만, 그래도 그녀 가정이 보통의 일본인 가정과 다르다는 건 어렴풋하게 알고 있었다.

그러나 부모가 가족의 출신에 대해서 정식으로 말해준 적이 없고, 또 그녀가 물어본 적도 없다.

"정말로 내가 재일이라는 낙인을 받게 될까 봐 두려웠어요."

아버지에게 물어보면 '그래, 넌 재일이야'라고 확실하게 말해 줄 것 같았고, 그래서 돌이킬 수 없는 낙인 도장이 찍히는 게 '무서웠다.'

왜냐하면, 재일 집단은 절대로 '거기에 들어가고 싶지 않은 곳'이었기 때문이다.

내가 한국인이란 건 제주도에서 건너온 할머니와 같이 살아서 아주 어릴 때부터 애매하게 알고는 있었어요.

하지만, '우리 가족은 재일 한국인이다'라고 확실하게 말해 준 어른이 한 명도 없었고, 또 내가 직접 물어보지도 않았어요. '너는 재일이야'라고, 부모에게 확실히 듣고 싶지 않았던 것 같아요.

사실은 나는 한국 사람인데, 어릴 때부터도 어렴풋이 알고 있었는데, 알면서도 한국인이 아닌 척 살았어요.

내가 재일인 줄 알면서도 그런데도 정작 거기에는 절대로 들어가고 싶지 않았어요. 절대로. 뉴스에서 재일은 늘 안 좋은 뉴스만 나왔고, 부정적인 인상만 있었으니까요.

그래서 한 번도 물어보지 않았어요.

물어보는 것이 무서웠어요.

중학교 3학년 졸업 무렵.

제각기 지원한 고등학교에 가서 입학시험을 보았다.

합격자 발표를 하는 날.

같은 고등학교에 지원한 친구들과 같이 고등학교에 가서 합격 여부를 확인한 뒤에, 다시 중학교에 와서 보고했다.

"요시가와, 누굽니다."

그녀의 차례가 되어 담당 선생에게 말했는데, 목록에서 찾는 데 시간이 걸렸다.

당시까지는 그녀가 한국 국적이었기 때문에, 학교에서 서류상 이름은 한국 이름인 '홍민옥'이었다.

그러니까 그녀처럼 귀화하지 않고 한국 국적이나 조선 국적이면서 일본 이름을 사용하는 경우, 그녀가 말한 일본 이름 요시가와가 아니라 서류에서는 법적 이름인 홍민옥을 찾아야 하는 일이었다.

그런데 학교에 있던 담당 선생이 그녀의 담임이 아니었는데, 그래서 그런지 한참 동안 서류에서 그녀 이름을 찾지 못했다.

"어, 여기요."

목록에서 이름을 찾던 그녀가 자신의 이름을 발견했다.

그녀가 손가락으로 자신의 이름을 가리키려는 순간.

선생도 동시에 이름을 발견했는데, 그 순간 선생은 반사적으로 서류에 있는 홍민옥의 이름을 황급히 손바닥으로 가렸다.

뒤에 서 있던 다른 학생들이 그녀의 한국 이름을 볼까 봐 가린 것이다. 이름을 보면 그녀가 한국인인 것을 알게 되니까 말이다.

그 순간, 그녀는 묘한 감정이 들었다. 어차피 친구들은 저만치 뒤에 있어서 서류를 볼 수도 없는 거리였다.

그때, 선생이 이름을 가려준 태도가 감사하다고 생각되지 않았어요.

내 이름을 발견하는 즉시 손바닥으로 화들짝 이름을 가리는데, 순간 기분이 매우 이상했어요.

그 순간, '역시 한국 이름은 숨겨야 하는 거구나, 역시 감추는 게 맞구나'라는 걸 절감했어요.

내가 그때까지 죽 느껴왔던 걸, 눈으로 확실하게 직접 본 느낌이랄까요?

숨겨야 하는 재일을, 숨겨야 하는 나를 거기서 확인하는
심정이었어요.

그날, 선생의 지나치게 조심스러운 배려는 오히려 홍 씨가 '역시
재일은 숨겨야 하고, 나는 숨어 살아야 하는 존재'라는 것을 눈으
로 직접 확인하는 사건이 되고 말았다.

내가 재일이라는 사실이 너무너무 싫었어요.
친한 친구한테도 한 번도 말 안 했고, 늘 친구들에게 어떻
게 숨길까 고민했어요.
내가 조선인이라는 사실을 알면서도 외면했고, 관심을 두
지 않았어요.

그녀는 더 철저하게 일본인 얼굴로 살았고 재일을 혐오했다.

더 좋은 것으로

고등학교 때.
부모가 그녀의 국적을 일본으로 바꾸었다.
그녀는 그때, 귀화하여 일본 국적을 갖게 되어 기뻤다고 말했다.

귀화해서, 나는 다른 재일 조선인보다 일본 국적을 갖고 있으니까 조금 위다, 그래도 조금 나은 편이라고 생각했어요.

그때까지 일본인은 재일 조선인보다 위에 있는 사람, 일본 국적은 당연히 더 나은 것으로 알았어요.

그때까지 홍 씨는 일본인과 일본 국적은 조선인과 조선·한국 국적보다 '위에 있는 사람'이고 '더 좋은 것'으로 알았다.

고등학교 졸업식을 앞두고, 담임이 그녀에게 졸업장에 어느 이름을 적을 것인지 물었다.

"일본 이름이 더 좋은 거니까, 좋은 쪽으로 해야지."

그때, 그녀 아버지는 일본 이름이 '더 좋은 거'라고 말했다. 그래서 그녀는 졸업장에 홍이 아니라 더 좋은 이름인 요시가와로 기재했다.

스무 살, 대학에 들어가고 대학을 다닐 때까지도 그렇게 생각했다.

따라서 그녀는 귀화하여 서류상으로도 '요시가와'로 바뀌니 좋았다.

일상에서 사용하는 일본 이름과 서류상의 법적 이름이 일치하게 된 것이다. 진짜 일본인이 된 것처럼 말이다.

부모가 귀화하면 미성년 자녀들은 더불어 일본 국적자가 된다.

교토에서 한 대학을 다니는 20대 초반의 김태구 씨도, 홍 씨와 비슷하게 자신이 스스로 귀화를 결정한 게 아니더라도 부모의 귀화 결정을 찬성하였다.

중학생 때 귀화한 그는, 외관상으로 보자면 한국인의 요소를 찾기가 어려운 재일 4세이다.

1910년.

그의 증조부가 조선 경상도에서 일자리를 찾아 일본으로 건너왔다.

가족의 이주사가 꼬박 100년이 더 지났는데, 100년의 세월에도 결혼은 계속 재일끼리 하였고 김태구 씨가 중학교 때까지도 귀화도 안 하고 살아왔다.

어린 시절.

그는 자신이 재일이라는 건 알고 있었지만, 일본인이 사는 동네였기 때문에 재일 친구와 만날 기회는 없었고 그가 일본인 친구들에게 재일을 고백한 적은 한 번도 없었다.

학창시절 내내 친구들 모두 그를 일본인으로 알고 지냈다.

그러던 중, 귀화 문제로 가족회의를 했다.

그가 중학생 때였다.

당시 중학생이어서 아버지에게 귀화 이유를 직접 듣지는 못했지만, 역시 자식들을 위해서 차별을 피하려고 바꾼 것으로 생각돼요. 아무래도 자식들이 살아가는 데 일본 국적이 편리하지 않을까 싶어서요.

자식들을 불러 귀화에 대해서 가족회의를 했어요.

그때, 나도 귀화를 반대하지는 않았어요. 나도 '일본 국적으로 바꾸는 쪽이 역시 일본 생활에 편리하겠지'라고 생각했던 것으로 기억해요. 그래서 특별히 반대는 하지 않았어요.

학창시절, 내가 직접적인 차별이나 이지메를 당한 적은 없었지만, 내가 재일 조선인으로 살아가면, 재일은 일본 사회에서 살기 힘겹다거나 차별을 받는 이야기를 정보로 많이 들어 알고 있었으므로, 이런 것에 대한 불안감이 있었어요.

그래서 재일을 숨기고 싶은 마음이 있었고, '나도 일본인이 되고 싶다'고 많이 생각했어요.

"불안감이 있어, 귀화를 반대하지 않았어요."

부모가 귀화를 결정했던 당시 김 씨는 열세 살이었다.

그는 당시 '불안'해서 귀화를 찬성했다고 말했다.

또, 홍 씨처럼 그도 '재일을 숨기고 싶었고, 일본인이 되고 싶었다'고 말했다.

사실은 나 조선인이야!

홍민옥 씨가 대학에 다닐 때.

그즈음 어느 날.

한 재일 단체 사람들이 느닷없이 집으로 찾아왔다.

홍 씨는 아마도 졸업앨범에 있는 이름을 보고 찾아왔을 것이라고 말했다. 일본 이름이라 하더라도 재일이 사용하는 대체적인 성이 있기 때문에, 이름으로 재일을 추정하고 짐작할 수 있는 게 당시 분위기였다.

앨범의 이름을 보고 찾아왔는지 어떻게 알고 찾아온 것인지, 집으로 찾아온 단체의 청년들과 이야기를 나누던 중이었는데.

때마침, 집으로 친구의 전화가 걸려 왔다.

"지금 한국이라는 말이 들린 것 같은데, 뭐야?"

청년들이 이야기하는 말 중에 한국이라는 말이 전화 너머로 들렸는지, 통화하던 친구가 집에 누가 왔냐고 물어보았다.

그 순간.

그녀는 잠시 대답을 못 하고 머뭇거렸는데, 왠지 '어쩔 수 없는' 마음이 들었다. 또 한편으로는, '재일 청년들이 옆에 있어서 그랬는지 갑자기 맘속에서 용기가 솟았다.'

"사실은, 나 한국 사람이야!"

　　사람들이 물어보지 않으니까 얘기를 안 하지만, 그래도

말 안 하는 내가 있는 그런 거 있잖아요?

무언가 자기를 숨기고 있다는 죄책감 같은 게 마음속에 늘 있었어요. 감추면서도 항상 마음이 무거웠죠.

그때, 친구에게 전화가 걸려 왔는데, 이쪽의 이야기를 전화 너머로 듣고, 누가 왔느냐고 물어봤어요.

그 순간, '사실은, 나 한국 사람이야!'라고 처음으로 친구에게 고백했어요.

갑자기, 정말 갑자기 나도 모르게 입 밖으로 나와 버렸는데, 그런데 정말 후련했었어요. 말할 수 없이 매우.

홍 씨는 그때까지 친구들에게 자신의 출신을 단 한 번도 고백한 적이 없었다. 고백은커녕 늘 '어떻게 숨길까' 고민하며 살았다.

그런데 그날.

그녀는 우연히 그리고 느닷없이 생애 첫 커밍아웃을 했다.

전연 예기치 않게 '자신도 모르게' 친구에게 확 말해 버린 것이다.

꼭꼭 숨겨오던 자신의 출신을 처음으로 친구에게 고백한 일대의 사건은, 자신도 전혀 예상하지 못했고 사전 계획 없이 갑작스럽게 내뱉은 용기였다.

그녀는 그때까지 일본인인 척 살아오면서도 자기의 진짜 얼굴을 감춘다는 죄책감과 진한 무거움이 늘 맘속에 있었다고 말했다.

그때, 생애 최초로 재일이라는 걸 고백한 것은 그때까지 자신의 진짜 얼굴을 숨기고 살아온 그녀에게 후련한 해방감을 준 것일까.

"그렇게 말하고 나니까 매우 시원했어요. 말할 수 없이 매우."

갑작스럽게 말해버린 그 순간.

그녀는 기분이 매우 후련했었다고 고백했다.

그때, 전화상이라서 그런지 너무 놀라서 그런지 그 친구는 '그래? 그랬구나' 하고는 별다른 반응을 보이지 않았다.

그 뒤로, 그녀는 친구들에게 몇 번 더 고백했다. 얼굴을 마주하고 고백했을 때 친구들의 반응은 어떻게 말해야 할지 당황하는 인상이 역력했다고 한다.

친구들은 '어려운 이야기 시켜서 미안해, 앞으로 안 할게'라고 말하거나, 또는 '너무 어려운 이야기 해줬다' 등의 말을 했다.

"요시가와, 그래도 너와 나는 같은 사람이야."

그런데 고백했을 때 친구들의 공통적인 반응이, '같은 사람'이라고 말하며 그녀를 위로하는 것이었다.

친구들로서는 그것이 배려고 위로의 말이었을 거라며 그녀는 허탈하게 웃었다.

중학교 때, 행여 일본인 학생들이 볼까 봐 손바닥으로 그녀 이름을 화들짝 가려주던 선생의 지나친 배려의 행동.

'우린 같은 사람이야'라고 위로해주던 친구들의 배려의 말.

그들의 선한 의도와 상관없이, 둘 다 그녀에게는 편하게만은 받아들여지지 않아서, 오히려 일본 사회에서 재일은 숨어 살아야 하는 존재이고, 일본인은 조선인을 같은 사람으로 보지 않는다는 걸 확인하는 것 같아 씁쓸했었다고 그녀는 말했다.

여하튼, 그날 집으로 찾아온 청년들의 인상은 그때까지 홍 씨가
재일에 대해서 가지고 있던 이미지와는 정반대였다.

그때 집에 온 단체 사람들 재미있었어요. 왠지 첫인상이
좋았어요.
그때까지 내가 조선인에 대해서 갖고 있던 안 좋은 인상,
너무 어둡고, 이상하고 나쁜 그런 이미지가 아니었어요.
사람들은 모두 밝고 쾌활했고 말도 엄청 재미있게 했어요.
친했던 친구는 아니지만, 같은 고등학교에 다닌 사람들도
몇 명 있었고. 대체로 나와 나이가 비슷한 스무 살 초반의
또래 친구들이었어요.

그날 이후.
그녀는 단체에서 가는 수련회에 따라갔다.
그것이 그녀가 재일 조선인들과 처음으로 만나고 어울리기 시작
한 출발이었다.

안심감을 주는 오아시스

단체 사람들이 돌아가고.

한동안 고민한 결과, 홍 씨는 '한번 가볼까' 하는 호기심 반의 마음으로 청년들이 제안한 엠티에 따라갔다.

그 뒤부터 그녀는 조선의 역사와 문화에 관심을 두기 시작했고, 그곳에서 처음으로 우리말을 배우고 역사와 문화를 배웠고, 지금까지도 관련 단체에서 일을 하고 있다.

일본 사회에는 성격이 다른 이러저러한 재일 단체가 많은데, 공통되는 게 있다면 그러한 단체들이 일본 사회에서 불안감을 안고 살아가는 재일에게 '오아시스' 역할을 한다는 점일 것이다.

한국 국적의 40대 배용학 씨는, 자신에게 재일 집단은 '마음의 오아시스'라고 말했다.

모두 똑같아야 역시 안심되죠? 반대로, 모두가 일본인인데 나만 한국인이면 그만큼 불안하게 되잖아요?

일본이란 사회가 자신이 주위 사람과 다르다는 것이, 주위와 다르면 불안하게 되는 사회예요.

미국 같은 나라는 여러 민족의 다양한 사람들이 함께 사는 게 당연한 사회이지만, 일본의 사회는 그렇지 않아요. 대단히 획일적이죠. 일본인이 아닌 것은, 이질적인 건 매우 불안해지는 사회예요.

따라서 일본인이 아닌 재일은 혼자는 불안감이 있어요.

역시 혼자는 무리예요. 불안하니까요.

그래서 재일 커뮤니티가 중요해요. 그것이 나의 마음의 오아시스예요.

재일 사교모임이 없었더라면 역시 난 힘들죠, 어려워요.

아무래도 일본인 친구와 말하는 것과는 달라요.

재일 친구끼리만 함께 있을 때, 크게 안심감이 생겨요.

배용학 씨도 대학생 김태구 씨처럼 '불안'이라는 말을 했다.

그래서 연령과 세대와 성별을 불문하고, 그들이 안심감을 얻기 위해 찾게 되는 곳이 일본 사회에서 재일 단체이고 모임이다.

홍민옥 씨도 그렇고 앞의 김태구 씨도 단체에 가입했는데, 그 이유가 배 씨와 크게 다르지 않다.

김 씨는 홍 씨보다 더 적극적으로 본인이 자발적으로 단체를 선택하여 들어갔다.

어느 날.

김태구 씨는 동아리 활동이 끝나고 잠시 시간이 생겼는데, 왠지 자신의 뿌리인 조선에 대해 생각을 하게 되었다.

그는 인터넷으로 단체를 찾아보고, 그중 한 곳으로 연락을 했다.

그전에는 주위에 재일 친구가 한 명도 없었어요.

나의 존재인 민족 뿌리랄까, 재일에 관한 것을 생각하고 알고 싶어서, 재일 친구를 사귀고 싶은 생각이 들었는데, 이런 경우 일본이란 사회는, 민족단체에 가지 않으면, 재일 친구를 만날 수 없으니까요.

그래서 단체에 가입하게 되었어요.

재일 4세인 20대 초반의 그에게 왜 자신의 뿌리에 관해 관심이 생겼냐고 물으니, 그도 '불안'이라고 말했다.

또, 배 씨처럼 단체에 들어가 재일 친구들을 사귀며 '안심감'을 얻었다고 말했다.

대학생인 지금까지 기억에 남는 직접적인 차별을 받은 적은 없었어요. '조선으로 돌아가'라는 말을 들은 적도 없고요.

하지만 귀화를 어릴 적 했는데도, 왠지 모르게 내 마음속에는 늘 차별을 받지 않을까 하는 불안감이 있었어요.

이러한 나의 불안감을 상담할 친구가 주위에 없었는데, 단체에 들어가서는 나와 같은 재일 친구가 많고, 이야기를 할 수 있는 친구가 생기게 되었어요. 그래서 여기서 마음의 움직임이랄까, 안심감이 생겼어요.

이 단체만이 아니고, 다른 단체들에도 10대와 20대의 재일이 많이 모여 있는데, 아마 일본 사회에서 차별이 없다

면, 그래서 재일 젊은이들이 불안감을 느끼지 않는다면,
일본 국적자이고 한국말도 할 줄 모르는 우리들이 굳이
일부러 단체로 모이지 않을 거예요.
왜 젊은이들이 단체로 모이느냐고 이유를 묻는다면, 역시
불안하기 때문이에요.

외관상으론 완전한 일본인처럼 살아가는 젊은 세대도, 알고 보면
겉모습과는 다르게 내면의 불안까지 사라진 건 결코 아니었다.

김 씨는 그 이유가 일본 사회의 차별 때문이라고 분명하게 말했
다. 차별이 있어 불안을 느끼고 그래서 단체를 찾았다고 말이다.

김 씨의 말대로, 재일이라는 이유로 차별을 받지 않을까 하는 내
면의 깊은 두려움과 불안이 바로 지금 이 시대에도 민족단체의 문
을 두드리는 청년들이 이어지고 있는 이유이리라.

안심감을 얻을 수 있는 오아시스 같은 곳을 찾아서 말이다.

제 이름을 발음 못 하는 사람들

처음에 홍민옥 씨가 재일 단체에 가보니 모르는 것투성이였다고
한다.

일단, 그녀는 그때까지 우리말을 전혀 할 줄 몰랐고, 또 자신이
왜 여기 일본에서 사는지, 재일 조선인의 역사를 전혀 몰랐다.

또, 당시 단체 사람들의 이름은 모두 한국 이름이었다.

그런데 그녀는 이름부터가 어려운 문제였다. 그때까지 그녀는 일본 이름 말고 자신의 한국 이름을 우리 발음으로 정확하게 읽을 줄 몰랐다.

"요시가와 씨, 한국이름이 뭐예요?"

사람들이 한국 이름이 무엇이냐고 물어보는데, 그조차도 잘 몰랐다.

그녀는 머뭇거리다가 예전 귀화 전에 고등학교 때까지 서류에 있던 한자를 어렴풋이 기억하고, 겨우 한자 洪敏玉을 써서 알려 주었다.

그러나 그것이 자신의 이름 같지 않았고 내 이름이라고 하기에는 참 낯설었다. 또 洪敏玉의 한자를 알려주기는 했지만, 막상 자신의 이름 세 글자를 우리말로 어떻게 발음해야 하는지는 몰랐다.

"아, 홍민옥이네."

그녀가 자기 이름을 말하지 못하고 가만히 있는데, 사람들이 한자를 보고는, 자신의 이름이 홍민옥이라고 말했다.

"맞아요, 제 이름은 홍민옥이에요."

그녀는 얼른, 사람들의 우리말 발음을 그대로 흉내 내어 자신의 이름이라고 말했다.

그렇게 그 순간은 어떻게 넘어갔다.

귀화 전 자신의 법적 이름을 일상생활에서 한 번도 사용한 적이 없기 때문에 우리말로 자신의 이름이 무엇인지 모르고 그때까지 살아왔던 것인데, 그녀가 들려준 한 친구의 이야기도 제 이름을 똑바로 발음하지 못하기는 비슷하다.

고등학교 때, 같은 반에 재일 남학생이 있었다.

어느 날.

그녀처럼 일본 이름을 쓰고 일본인처럼 살던 그 친구가 학교에서 공개적으로 커밍아웃을 했다.

"사실은, 나는 재일 조선인이야."

그 남학생은 당당하게 친구들 앞에 서서, 자신의 성이 '허'라고 고백했다.

"내 조선 이름은 '허○○'니까, 앞으로는 모두 나를 '허'로 불러줘."

그 친구는 큰 용기를 내어 친구들 앞에서 커밍아웃했다.

그런데.

허씨였던 남학생은 그 용감하고 결연한 고백의 장에서 자신의 이름인 '허'를 정확하게 발음하지 못하며, 그만 '호'와 '하'의 중간 정도의 발음으로 '나는 앞으로 호○○로 살 거다'라고 어색하게 외치고 말았다.

일본어는 한국어와 비교해 발음이 적다. 특히 한국 사람 이름에 많이 있는 '어' '여'나 '애'의 발음이 대표적이다. 그러니까 예를 들어, 허나 서씨나 배씨 등은 일본인이 발음하기 힘든 성이다.

이럴 경우, 자기의 본래 이름을 사용하려 해도, 하필 일본 발음에 없는 성인 허나 서씨 등의 사람들은 처음에는 자신의 이름조차 제대로 발음하지 못하는 꼴이 되는 것이다.

아마, 그 남학생도 그랬을 것이다.

여하튼, 그 친구는 큰 용기를 내어 어렵게 고백했을 텐데, 친구들은 갑작스러운 그 친구의 고백에 당황하여 어떤 이름을 불러야 할지 몰라서 어느 쪽 이름도 부르지 못하고 있었다.

예전처럼 일본 이름을 부를 수도 없고, 한국 이름을 부르기는 어렵고 낯설었다.

그러던 며칠 후.

그 남학생의 애칭이 '맞짱'이었는데, 한 친구가 원래 부르던 '맞짱' 하고 애칭을 불렀다. 그 후, 친구들 사이에 흐르던 어색했던 침묵이 일순간에 깨지고, 친구들은 다시 그를 맞짱이라고 불렀다.

결국, 어렵게 용기 내어 고백했을 남학생의 본명 선언은 무색하게 되어버린 셈이었다.

실은 나 귀화자예요

지금은 인식이 많이 바뀌었지만, 오랫동안 재일사회는 귀화를 대단히 꺼렸고 따라서 귀화자는 배신자로 인식하고 재일의 구성원에서 배제하였다.

20대 초반 김태구 씨와 다르게 홍민옥 씨가 20대 때인 1990년대 초는 지금과 분위기가 사뭇 달랐던 시절이어서, 귀화자인 홍 씨가 재일 집단에 어울리는 게 처음부터 순조로웠던 건 아니었다.

처음에 그녀는 귀화 사실을 말하지 못했다고 한다.

당시 부모의 한쪽이 일본인인 사람은 한 명 있었는데, 귀화자는 그녀가 유일하였다.

처음 엠티를 따라간 날.

외국인등록증에 관해 이야기가 나왔다. 원래는 늘 휴대해야 하는 게 의무인데, 실제로는 집에 두고 갖고 다니지 않는 사람들이 많았다.

"민옥이는 등록증을 어디에 둬?"

사람들이 등록증을 어디에 두는지 대화를 하다가, 한 사람이 그녀에게 물었다.

"예? 뭐, 나도 장롱 속에 둬요."

귀화했으니 당연히 외국인등록증이 없는 그녀는 당황했지만 앞서 말한 사람들의 대답을 따라서 그냥 얼버무렸다.

그때, 그녀는 자신이 귀화한 걸 숨긴 것이다.

그날, 일본 친구들에게 재일을 숨긴 것과 똑같이, 그때는 재일 친구들에게 내가 귀화자란 사실을 숨겼어요.
모두가 당연히 나를 귀화하지 않은 것으로 생각하고 말하는데, 그런 분위기에서 선뜻 말이 입 밖으로 나오지 않았어요.

그 뒤 어느 날.

다시 엠티에 갔는데, 그날은 마침 토의 주제가 귀화였다. 토의에서 귀화를 반대하는 의견이 대다수였다.

세미나가 끝난 후.

그녀는 한 여자 선배를 조용히 밖으로 불렀다.

"선배, 사실은 나 귀화했어요."

그녀는 선배에게 자신이 귀화자라는 사실을 고백했다.

그 선배는 사람들에게 얘기했고, 곧 거기 사람들 모두가 그녀가 귀화자라는 걸 알게 되었다.

그런데 다행히 사람들 반응이 생각했던 것보다 부정적이고 배타적이지 않았다.

"본인이 성인이 되어 귀화한 것이 아니니까, 어릴 때 부모가 결정한 것이니 괜찮지."

미성년 당시 부모에 의해 귀화를 한 그녀를 받아들이는 분위기였다.

단체에서 쫓겨날까 걱정했던 그녀의 큰 고민이 그렇게 지나갔다.

그녀는 그렇게 이쪽 사회에서도 저쪽 사회에서도 한 번씩 통과의례처럼 커밍아웃했다.

단체를 알게 된 이후.

그녀의 삶은 이전까지와는 전연 다르게 변화했다. 그리고 그 획기적인 전환점의 시작은 남들에게 재일을 말하기 시작한 것이었다.

물론 그렇다고 해도, 그녀가 한국인이라고 말하고 살지만 언제 어디서나 재일을 드러내고 사는 건 아니다.

대학 졸업 후에, 10년을 다녔던 회사에서도 한 번도 말한 적이 없다.

단체 가입하고부터, 내가 재일이라는 걸 말하기 시작했어요. 그러나 지금도 이야기해야 되는 상황이 되면 말을 해요. 일본에서 재일 한국인으로서 평범하게 일반 사람으로 살기 힘들어요. 여러 가지 차별이 있고, 본질적인 변화는 없으니까요.

그런데 그렇다고, 일본인으로 사는 것도 쉬운 게 아니에요. 난 일본인이 아니니까요.

돌이켜보면, 귀화하기 전이나 후나 난 바뀐 게 없어요. 내가 외면해서 그렇지, 사실 귀화하기 전에도 난 한국인이었고 일본 국적자가 된 지금도 난 한국인이에요.

귀화하여 국적을 바꿔도 재일은 일본인이 되지 못해요. 지금 나의 국적은 일본이지만, 난 일본인이 아니라 한국 사람이에요.

그래서일까.

홍 씨가 필사적으로 숨기고 감추고 열등하게 생각해온 조선인이라는 배경이, 언젠가부터는 그녀의 존재를 규정하는 필수요소가 되었다고 한다.

> 지금 내게 민족이란, 일본에서 살아갈 수 있는 희망이기
> 도 하고, 일본에서 아직도 인정 못 받고 사는 재일에 대해
> 서 자신을 찾을 수 있는 요소랄까요? 나와 뗄 수 없는 요
> 소예요. 떼면 진짜의 자기를 못 찾게 되니까요.
> 자기를 알아야 자신감도 생기고, 나의 생각을 갖게 되니까요.
> 지금 내게 민족의 요소를 빼서는 살 수 없죠.

그 후, 일본에서 한국말을 배웠지만, 한국말을 구사하기에는 턱
없이 부족했다.

또, 일본에서 '난 재일 한국인'이라고 말하며 살고 있는데, 정작
한국은 어떤 나라인지 한국 사람들은 어떤지 아는 게 없었다.

그 궁금증은 10년의 직장 생활을 접고, 그녀를 서울로 향하게
했다.

조금 다른 한국 사람으로

그녀는 내게, '일본 국적을 갖고 있는 한국 사람'이라고 분명하
게 말했다.

그래서 한국으로 오게 된 그녀.

그런데.

그녀는 서울에 와서 어학연수와 유학과 직장생활까지 하며 몇 년을 살면서, '나는 한국의 한국 사람들과는 다르다'는 사실을 절감했다고 한다.

막상 한국에 오니, 한국 사람들은 자신을 일반 외국인과 똑같이 생각한다는 것이다.

그녀는 한국에 와서, 일본에서 태어나고 자란 자신과 같은 '재일 한국인'은 인정의 여지가 없다는 걸 알게 되었다.

> 한국말을 잘 못 하고 한국에 대해 잘 모르니까 한국 사람
> 이라고 생각하지 않는 느낌이에요. 재일교포도 일반 외국
> 인과 똑같이 그냥 외국인으로만 바라봐요.
> 그러니까, 한국 사람은 한국에서 태어난 사람만 한국 사
> 람이라고 생각하는 것 같아요.
> 여기 한국 사람과 다르고 한국말을 잘 못 하지만, 조금은
> 다르지만, 그래도 일본에 사는 한국 사람도 있다는 걸 알아
> 줬으면 좋겠어요.
> 한국 사람이 생각하는 한국 사람으로 인정해 달라는 게
> 아니고, 이런저런 역사가 있는 한국 사람이 한국 땅 밖에
> 도 있다는 걸 알아주면 좋겠어요.

그녀는 '한국에 사는 한국 사람과는 다르지만, 다른 역사가 있는

한국 사람이 한국 땅 밖에도 있다'는 걸 알아줬으면 좋겠다고 소박하고 어려운 바람을 말했다.

어린 시절.

집에서 가까운 유치원에 들어갔던 그녀의 남동생.

그 남동생은 현재 일본 여성과 결혼하여 조카들을 낳고 살고 있다. 그런데 남동생은 자신이 '재일이라는 걸 인정하지 않고 매우 싫어한다'고 한다.

남동생이 아이들에게도 말을 안 해줘서, 조카들은 아버지인 동생을 일본사람으로만 알고 있다. 그래서 동생은 일본에서 재일 사람들과 어울리고 게다가 지금은 한국에 사는 그녀가 조카들과 접촉하는 것을 싫어한다고 한다.

심지어 남동생은 일본 여성과 결혼할 때에도 아내에게만 고백하고 아내 부모에게는 말하지 않고 결혼을 진행했다.

누나 홍 씨에게는 '한국에 있으니까, 결혼식에 안 와도 돼'라고 말해, 그녀는 동생 결혼식에 가지 못했다.

같은 형제인 두 남매의 살아가는 방식은 전연 다른 색깔이다.

일본 국적자이지만 자신을 한국인이라고 말하며 사는 그녀.

자신의 뿌리를 부정하고 일본인으로 사는 동생.

누나는 한국 사람으로, 동생은 일본 사람으로 살아가는 남매.

막상 자신의 나라 한국에 오니, 다른 외국인과 똑같이 자신을 외국 사람으로만 보는 한국인들.

그녀와 긴밀한 교류를 거부하는 동생.

그녀는 지금 서울에서 하는 일을 마무리하면 일본으로 귀국할 것이라고 말했다.

'한국 사람과 똑같은 한국 사람이 아니라도, 나 같은 한국 사람도 한국 땅 밖에 있다는 걸 알아주어 좋았다.'

그녀의 바람대로, 그녀가 일본으로 귀국할 때는 이런 생각을 안고 돌아간다면 좋겠다.

이름이 왜 '배'예요?

나는 해방둥이

배해숙 씨는 어머니가 조선이 해방되는 해에 임신하여, 이름이 해숙이다.

조부모가 조선에서 일본으로 건너가 살던 중.

1945년, 배해숙 씨 아버지만 일본에 남고 조부모와 어머니와 가족은 모두 고향인 경상도로 귀국했다. 이때 어머니가 배해숙 씨를 임신한 상태였고 이듬해에 그녀를 낳았다.

할아버지가 해방되는 해에 생긴 해방둥이라는 뜻으로 '解' 자를 넣어 이름을 지어주었다고 한다.

애초, 그녀의 아버지도 하던 일을 정리하고 가족을 뒤따라서 조선으로 귀국할 계획이었다.

그런데 당시 한반도의 상황이 여의치 않게 돌아가자, 어머니가 아이들을 데리고 다시 일본으로 건너가기로 했다.

배 씨가 두세 살 무렵.

몇 번의 밀항 시도와 몇 번의 실패가 이어졌다.

그녀 어머니는 일본에 혼자 떨어진 아버지와 함께 살기 위해서 밀항을 시도하고 실패하기를 거듭하다가, 안 되겠는지 큰딸을 할머니에게 맡겨두고 어린 배해숙 씨만 데리고 다시 밀항을 시도했다.

그녀는 아마도 아이 둘을 데리고 밀항을 시도하는 건 더 위험하니까 더 어린 아기였던 자신만 데리고 일본으로 온 것 같다고 말했다.

결국, 그녀 어머니는 몇 번의 밀항 시도 끝에 부산항에서 배를 타고 시모노세키에 도착하여, 아버지가 있는 일본으로 건너오는 데 성공했다.

어머니는 일본에 도착한 즉시 경찰서에 잡혀가는 등 우여곡절이 있었지만, 아버지와 다시 만났고 일본에서 생활을 시작했다.

그 뒤, 어머니는 밀항하며 데려오지 못한 큰딸을 데려오려고 몇 차례 시도했지만 끝내 데려오지 못해서, 그녀 언니는 혼자 가족과 떨어져 평생 한국에서 살았다.

또, 한국에는 언니 말고도 조부모가 한국으로 돌아와 살았고 친척들도 많이 있다.

일본에 살던 아버지의 사촌 형제 중에는 예전에 귀국사업 당시 북한으로 건너간 사람들도 있다.

배 씨 가족은 일본과 한국과 북한의 세 나라에 가족과 친척이 흩어져 사는, 재일에게서 흔히 볼 수 있는 이산가족이 되어 살았다.

그런데, 그녀 어머니는 다시 일본으로 건너온 지 오래 지나지 않아 돌아가셨다.

그녀가 열두 살인 초등학생 때였다.

그녀 아버지는 배 씨와 여동생들에게 밥 짓고 빨래하는 방법을 가르쳐 주었다.

고모가 살림을 도와주었고, 학교 행사가 있는 날이면 엄마를 대신하여 와주었다.

그러나 어머니가 없는 집에서, 그녀는 어릴 적부터 밥 짓고 청소하고 살림하고 동생들을 돌보며 가정에서 어머니의 역할을 하며 청소년기를 보냈다.

침묵과 죄의식

배해숙 씨는 줄곧 일본학교에 다녔고, 일본 이름을 사용했다.

그러나 중학교 때까지는 재일이 많이 모여 사는 시골 동네였기 때문에, 친구들도 자연스레 배해숙 씨가 재일인 걸 알고 지냈다.

일본학교에 다니며 일본 이름을 썼지만, 말하지 않아도 재일인 것을 서로 아는 작은 지역사회였다. 따라서 중학교 때까지는 굳이 자신의 존재를 밝히거나 그렇다고 일부러 숨길 상황도 없었다.

그러나 고등학교부터는 상황이 달라졌다.

고등학교는 조금 넓은 곳이었기 때문에 배 씨가 재일이란 걸 모르는 친구들도 많았다. 그러나 이때 그녀는 자신이 재일이라는 사실을 친구들에게 말한 적이 한 번도 없다.

고등학교 시절, 그녀는 줄곧 일본인 학생처럼 학교에 다녔다.

고등학교를 졸업할 무렵.

취직하기 위해 지원원서를 냈는데 좀체 합격이 되질 않았다. 1차 시험에서 떨어지기도 하고 면접시험에서 떨어지기도 하고, 계속 떨어졌다.

친구들은 하나둘 거의 모두 취직이 되었다.

'왜 나만 취직이 안 될까?'

줄곧 일본학교를 졸업했지만 귀화하지 않고 한국 국적이었던 그녀는 지금보다 더욱 심했던 당시 취직차별을 겪었다.

학창 시절까지는 차별을 피부로 절감하지 못했던 그녀는 이때 처음으로 취직차별을 뼈저리게 경험했고 이때가 인생의 가장 힘든 시절이었다고 회고했다.

졸업 후.

재일이 주인인 작은 회사에도 다니고, 일본인 회사에서 계약제로 일을 하며 안정적이지 않은 상태로 여러 가지 일을 하며 사회생활을 시작했다.

그녀가 한국 국적이기 때문에 일본인 회사에서는 받아주지 않아 정직원으로 취직하는 건 힘들었다. 그녀는 계약제 정도로 일을 할 수밖에 없었다.

물론, 이것도 재일을 숨기고 일본 이름을 쓰고 일본사람처럼 행세하며 회사에 다니는 것이었다.

회사에 다닐 때.

간혹, 사람들이 TV 뉴스나 어떤 화제를 들어 조선인이나 재일에 관한 이야기를 할 때가 있었다.

그럴 때면, 그녀가 재일인 줄 전연 모르는 동료들이 조선인에 관한 이야기를 나누다가 자연스레 '조센진'이라고 비웃고 조롱하며 조선인을 농담 대상으로 하여 비하의 말을 하곤 했다.

이럴 때, 그녀는 차마 대화에 함께 섞여 따라 웃지 못하고, 그들이 '조센진'이라고 비아냥거리며 낄낄거리는 동안 옆에서 가만히 듣고만 있었다.

그런데 조선인과 재일을 농담 대상으로 삼아 낄낄거리고 비하하는 데도 그저 침묵만 했던 스스로에 대한 깊은 무기력과 절망 때문이었을까.

출신을 속이고 일본인처럼 살아가는 자신에 대한 비애와 죄의식 때문이었을까.

그즈음, 그녀는 그때까지 30년간 쓰던 미야타니의 일본 이름 대신에 자신의 진짜 이름인 배해숙으로 살기로 마음먹었다고 한다.

> 내 부모가 한국에서 온 사람이니까 나는 한국 사람인데,
> 한국 사람인 내가 일본 이름을 사용하면, 일본 이름을 갖
> 고 있으면 부담이 너무 많아.
> 내가 일본 이름을 갖고 있으면, 일본 이름을 사용하면 사
> 람들은 당연히 나를 일본인으로 보잖아? 그때부터 난 긴
> 설명을 해야 해.
> 그래서 내 마음속에서 항상 그늘이 있었어.
> 그래서 일단, 한국 여권에 있는 나의 진짜 이름으로 살아
> 야겠다고 생각했어.
> 일본 이름을 갖고 있으면 불편하잖아. 난 한국 사람인데
> 왜 나한테 일본 이름을 붙이고 살아야 하냐 말이야, 이런
> 생각이 들었어요.

이름이 왜 '배'예요?

사회생활을 하던 20대 시절.

친구의 소개로 한 재일 소모임에 참가하게 되었고, 모임에 다니
면서 우리말을 배우기로 마음먹었다. 시내에 있는 우리말 교실에
다니면서 처음으로 한글을 공부하기 시작했다.

그러다가 서른 즈음.

자신이 써 온 일본 이름에 대해서 회의가 들었다.

일본 이름을 사용하면 자연히 사람들이 일본사람으로 보니까, 그녀는 이름을 바꿔야겠다고 생각했다.

> 나는 한국 국적의 한국 사람인데, 왜 일본 이름을 갖고 살아야 할까?
> 한국 여권에 있는 내 법적 이름으로 살아야겠다, 한국 사람으로 살기 위해서는 한국 이름으로 살아야겠다고 결정했어요.

고민 끝에 그녀는 이름을 바꾸었다.

아니, 본래 서류상 법적 이름으로 말한다면, 원래 자신의 이름을 사용한 것이다.

그때부터 그녀는 미야타니 일본 성에서 여권의 배씨의 성으로 바꾸어 한국 이름을 사용하기 시작했다.

처음에는 두 개를 사용했다. 직장이나 일반 사회관계에서는 그대로 일본 이름을 썼고, 재일 집단에 가거나 친한 사람들 사이에서는 배해숙으로 소개했다.

일본 이름과 한국 이름 두 개를 사용하다가 점차 일반 사회관계에서도 법적 이름인 '배'를 사용했고, 어느 때부터는 내게 소개한 배해숙의 한국 이름 하나로 살고 있다.

그런데 그렇다고 하여, 그녀가 본래 자신의 이름인 본명으로 사는 것이 일본 사회에서 그리 수월한 것만은 아니었다고 한다.

왜냐하면, 그녀의 성인 '배'는 일본인 성에는 없는 것이라서 사람들에게 이름을 말하면 몇 번을 되풀이해서 말해야 했다.

더군다나 그녀의 성인 배는 하필 그들은 알아듣지 못하는 발음인 'ㅒ'였기 때문에, 몇 번을 말해도 잘 몰랐다.

그녀의 성인 '배.'

일본어에는 'ㅒ'의 발음이 없다.

'ㅔ'가 있으니, 가장 가깝게 발음하는 것이 '베'였을 것이다.

그들에게는 없는 성일뿐더러 더구나 못 알아듣는 어려운 발음이었으니, 더욱 이해시키기 힘들었을 것이다.

최근에는 한류의 영향으로 한국인 이름을 아는 일본인이 많지만, 당시는 대부분 일본인은 배가 한국인 이름의 성이라는 것조차 모를 정도로 한국의 기초 사실에 대해서 무지했던 시절이었다.

그래서 그녀는 한국 이름으로 바꾸고 나서, 일본인들에게 이름에 대해서 길게 설명해야 할 필요가 생겼다고 말했다.

일본에 사는 재일이 당당히 한국 이름을 쓰며 사는 사람들이 많이 있으나, 그건 한국에 사는 한국 사람이 이름을 쓰듯이 출생 시부터 당연하게 따라붙는 게 아니다.

오랫동안 재일에게 민족 이름은 자신의 존재를 드러내는 가장 눈에 띄는 표지였고 곧 일본 사회에서 투쟁과 저항의 수단이나 다름없었다.

그러니까 재일이 일본 이름이 아니라 한국 이름을 쓴다는 건, 당사자로서는 내면적으로 무수한 상처와 고뇌를 거쳐 커다란 용기를 낸 결단인 건 말할 것도 없고, 그녀 말처럼 그 후에도 여러 불필요한 노력과 번거로움을 감내해야 하는 일인 것이다.

공교롭게도, 같은 성씨인 배용학 씨와 대화를 나누던 중에도 그녀와 비슷한 말을 했다.

그도 줄곧 일본학교에 다니고 일본 이름을 사용하며 학교에 다녔다.

고등학생이던 어느 날.

몇몇 친구들과 논의하여 일본 이름을 버리고 본명으로 바꾸어 재일로 떳떳이 살기로 의견을 모았고, 그는 친구들 몇 명과 같이 단체로 학교에서 커밍아웃했다.

일본 사회에서 한국 이름은 가장 눈에 띄고 확실한 징표이니까 조선 이름을 사용하면 자연히 재일이라는 표시가 되고, 그러면 일본인들이 자연스럽게 자신을 금방 재일로 알 것으로 생각했다.

그런데 이름을 바꾸고 나서도, 배해숙 씨처럼 그도 처음부터 다시 길고 번거로운 설명을 해야 한다고 말했다.

내가 이름을 말하면, '이름이 왜 배예요?'라고 물어요.
일본사람은 모르는 성이니까, 일본사람은 내 이름이 왜 '배'냐고 묻는 사람이 많다고. 일본사람이 볼 때는 이상한 이름이잖아요? 그래서 다시 내 이름에 대해서 길게 설명할 필요가 생겨요.

그런 게 때론 매우 번거롭고 힘겹지만, 그렇다고 또 일본 이름을 쓰고 살아가면, 그건 더 마음이 무겁죠.

일본 사회에서 재일로 살아가는 게 힘겨워요. 재일로 사는 것도 힘들고, 그렇다고 숨기고 일본인으로 사는 건 마음이 더 힘들고.

내가 재일이라고 밝히는 것은 역시 큰 용기가 필요해요.

커다란 용기를 내어 한국 이름으로 커밍아웃을 했지만, 커밍아웃하기까지 내면적으로 겪었을 고민과 갈등과 용기가 무색하게 오히려 일본사람들은 한국 이름을 알지도 못하고 알아듣지도 못했던 것이다.

낮에는 직장을 다니고 밤과 주말에는 모임에 나가서 한국에 관한 여러 가지를 배우기를 병행하던 1980년대.

그녀는 오랫동안 가족의 생계를 담당하며 일을 해온 피로감이 누적되었고, 또 예전부터 배우고 싶었던 패션 공부를 하고 싶었다.

꿈을 위해 그녀가 미국행을 결심한 건 1980년대 초.

그녀는 뉴욕으로 떠났다.

꿈을 위해 뉴욕으로

1982년.

삼십 대 후반의 나이에, 배해숙 씨는 패션 공부를 목적으로 미국 뉴욕으로 건너갔다.

뉴욕에서 디자인 학교에 다녔다.

디자인 학교에서 미술과 패션 공부를 했고 디스플레이를 배웠다. 유학 생활 중에는 집세와 생활비를 벌기 위해서 식당에서 점원으로 아르바이트를 했다. 그렇게 일과 공부를 병행하며 뉴욕에서 유학 생활을 했다.

애초에는 1년 계획으로 뉴욕으로 갔었다.

그런데 유학 생활을 연장하여 지내다 보니 4년을 뉴욕에서 지내게 되었다.

4년이 지난 뒤 1986년.

한국 국적의 배 씨는 2년에 한 번씩 일본에 돌아와서 일본에서 거주하는 재류 자격을 교체해야 했다. 비자 문제로 일본에 잠시 돌아온 것이었는데, 그만 미국의 유학생 비자가 발급되지 않았다.

결국, 그녀는 그해 뉴욕으로 돌아가지 못하고, 그대로 귀국을 한 셈이 되었다.

일본으로 돌아온 뒤, 그녀는 프리랜서로 패션 관련 일을 하였다. 뉴욕에서 배운 패션 공부를 살려서 백화점의 디스플레이 등의 일을 하며 생활했다.

패션 전시 일을 하면서부터 백화점 일 때문에 한국을 자주 왔다 갔다 했다.

그런데 한국을 자주 왕래하다 보니 한국어가 서툴러 여러모로 불편하였다. 그녀는 이때부터 한국말을 더 열심히 배웠다.

1990년대, 패션 일을 그만두고 지금 운영하는 작은 한국 가정식 식당을 개업하였다.

그 때문에 예전 일할 때처럼 한국에 자주 왕래하지는 못한다.

요즘은 여동생 둘과 한국에 사는 언니까지 네 자매의 모임을 한국과 일본에서 번갈아 하고 있다. 일 년에 한 번 정도 네 자매가 만나며 지내는데, 한국에서 모임이 있을 때면 한국에 다녀오곤 한다.

사이좋은 공생을 꿈꾸며

이야기를 들려주던 배해숙씨가 가게 구석의 테이블 위에서 무언가를 뒤적거리더니 몇 장의 종이를 꺼내 보여주었다.

그녀는 생업을 위해서 낮이나 주말에는 마트에서 시간제 일을 하고, 식당은 저녁 이후 밤에만 문을 연다. 요즘은 이래저래 손님이 줄다 보니 식당 운영만으로는 어려워 아르바이트를 병행하고 있다.

그런데 바쁜 와중에도, 그 외의 시간과 휴일에는 초등학교와 중학교에서 강사 일을 하고, 시민단체에서 재일의 역사와 문화를 알리는 활동도 하고 있다.

최근에는 市와 교사, 시민 등 뜻을 같이하는 사람들이 모여서, 재일의 역사와 현재를 알리는 교과서를 만드는 작업을 진행 중이라고 한다.

그녀가 내게 종이를 보여주면서 학생들에게 강의할 주제를 설명해 주었다. 학생들이 이해하기 쉽게 만화와 그림을 넣어 만든 교과서 시안이다.

그녀에게 생계로 바쁜 중에도 시민단체 일을 계속하는 이유를 물었다.

다른 민족과 외국인과 서로 다른 사람들도, 일본인과 함께 사이좋게 살 수 있는 사회가 되는 게 소망이에요.
그러기 위해서는 역시 사람들끼리 만남과 유대가 중요하니까.
몸은 힘들어도 아직 이런 일을 하는 게 보람이 있고, 일을 할 수 있어 좋아요.

학생들에게 강의하는 주제도 인권과 평화와 소수민족과 재일과 조선 문제라고 한다.

이러한 주제들을 어린 학생들에게 강의하기 위해 자신이 기획하고 준비한 자료를 들고, 육십이 넘은 그녀가 내일도 교실로 향하리라.

교실로 향하는 그녀의 좁은 어깨가 늘 당당하고 그녀의 작은 발걸음은 언제나 가벼웠으면 좋겠다.

제2장

———

해방

03

일본인이 되고 싶다

일본인이 되고 싶다

이건필 씨는 해방되기 전해에 교토에서 태어나 평생 이곳에서 살고 있다.

1924년.

그의 아버지가 공부하러 조선 전라도에서 일본으로 건너왔고, 이듬해 어머니가 아이들을 데리고 일본으로 따라왔다.

원래는 모두 열 명의 형제가 있었는데, 해방 전후 가난하던 때에 3명이 죽고 7남매만 살았다. 그중 이건필 씨는 아홉 번째였다.

이 씨가 여섯 살 때, 그의 아버지가 일찍 돌아가셨다.

어머니가 낮에는 교토역 앞에 나가서 쓰레기를 주워다 팔고, 저녁에는 술집에서 일하고, 밤에는 집에서 일하는 부업을 하면서 많은 자식을 키우고 생계를 이어갔다.

시골에서 쌀을 사다가 몰래 밀주를 만들어 팔기도 했고, 담배를 암시장에서 거래하다가 순경한테 여러 번 잡혀갔다.

형과 누나들도 모두 일을 했다.

이 씨도 초등학교 2학년 때부터 돈을 버는 일을 하기 시작했다. 그는 신문을 돌리는 일을 하면서 학교에 다녔고, 형제 모두 일을 하며 학교에 다녔다.

이건필 씨가 초등학교 1학년 즈음.

맏이인 첫째 형님은 일본에서 이러저러한 차별을 피해 살아가기 위해 귀화했다.

보통 일본 이름으로 바꿀 때 한국의 성을 그대로 따서 일본 이름으로 바꾸는 사람이 많다. 이럴 경우, 귀화해도 조선인 귀화자란 것을 쉽게 알아차리는데, 첫째 형은 조선인 출신을 숨기려고 전혀 다른 일본인의 성으로 만들어 귀화했다.

첫째 형은 일본인 여자와 결혼했는데, 결혼할 때도 부인에게만 말하고 처가에는 재일이라는 사실을 숨기고 결혼했다.

아버지가 돌아가고 얼마 뒤.

집에서 함께 살던 첫째 형님 부부가 따로 분가했는데, 그 뒤로 첫째 형은 평생 가족과 왕래도 연락도 하지 않고 살았다.

심지어 밖에서 길을 가다가 그의 형제나 어머니와 마주쳐도, 아는 척을 하지 않고 외면하고 지나갈 정도였다.

자신이 조선인이라는 사실이 들통날까 봐, 분가 후에는 어머니와 형제와 일체 연락을 안 하고 살았다. 따라서 첫째 형의 자식들과 손자들은 자신의 아버지 또 할아버지가 조선인이라는 걸 전연 모르고 살고 있다.

그는 7형제 중에서 첫째 형이 가장 철저하게 조선인을 숨기고 완전한 일본인으로 살았다고 말했다.

그 후, 성인이 된 다른 형들도 모두 귀화하여 일본 국적자가 되었다.

그런데 형제들이 성인이 되어 제각각 독립적으로 귀화했기 때문에, 서류상으로 부모와 형제들의 원래 조선의 가족관계는 없어졌다.

법적으로 형제가 전부 완전히 남남의 일본인이 된 것이다.

그에게는 일곱 살 위의 누님이 있었다.

누나가 중학교를 졸업할 무렵.

취직이 잘 되지 않았다.

그러자 담임이 조선인인 걸 숨기려고 누나의 한국 이름과 본적 등을 바꾸어 가짜 일본 이름과 주소를 만들어 적어 이력서를 냈고, 작은 회사에 겨우 취직되었다.

그렇게 담임이 도와줘 간신히 취업하여 다니던 중.

누나가 졸업한 중학교에서 누군가가 누나가 조선인이라고 회사로 밀고했다. 그러자, 회사는 합격을 취소하고 누나를 해고했다.

크게 절망한 누나.

누나는 자살을 시도했다.

죽지는 않았지만 겨우 목숨만 건지고 몸은 완전히 망가진 상태여서, 그 뒤로 누나는 누워 지내게 되었다.

그리고 몇 달 뒤.

가족이 모두 나가고 아무도 없는 틈을 타서, 누나는 두 번째 자살을 기도했다.

누나는 건강을 완전히 잃었고 겨우 목숨만 연명하다가, 얼마 뒤에 끝내 생을 마감했다.

그는 어린 시절부터 나이 차가 많은 형과 누나들의 우여곡절 인생과 이러저러한 직간접적인 차별과 사건들을 보며 자랐다.

'언젠가 나도 일본인이 되고 싶다.'

그래서 이 씨는 늘 생각했다고 한다.

궁핍한 생활을 벗어나고 차별을 피해 살기 위해서는, '나도 일본인이 되어야겠다'고 말이다.

일본교육을 받고 자라면서 느낀 건, 주류인인 일본인이 조선인을 대등한 입장으로 보면 좋지만, 교육과 역사 등에서 가르치지 않죠. 조선인을 아래로 깔보는 인식이 있어요.

따라서 주류인 일본인이 되고 싶은 생각을 저절로 하게 돼요.

나도 '일본인이 되고 싶다'고 늘 생각했어요.

하지만 이것은 부자연스러운 생각이죠. 같은 입장에서 일본인이 되고 싶다고 하면 별개이지만, 차별하는 사회에서는 부자연스럽죠.

나는 꿈이 있었어요

의무교육 기간인 중학교를 마친 뒤.

이 씨는 고등학교를 진학하고 싶었지만, 가정형편은 여의치 않은 상황이었다.

담임이 장학금을 받고 다니라고 학교를 추천했는데, 알아보니 장학금은 일본인에게만 지급되고 외국인은 받을 수가 없었다.

결국, 그는 고등학교 진학을 포기하고 취직을 알아보았다.

그런데 서른 개 정도의 지원서를 내는 동안 그를 불러준 곳은 한 곳도 없었다. 면접은커녕 시험조차 단 한 군데도 볼 수 없었다.

그러던 중, 작은 전기회사에 용케도 취직되었다.

그곳은 아홉 시간을 꼬박 서서 일하는 고된 일이었다.

사실, 그는 꿈이 하나 있었다.

그는 어릴 때부터 음악을 좋아했고, 음악선생이 되는 게 꿈이었다.

어릴 때부터 피아노를 혼자 배우곤 했다. 그런데 왠지 위의 형들도 모두 음악을 좋아했는데, 나중에 음악을 전공한 사람은 그 하나 뿐이었다.

전기회사에 다니며 일을 하던 중.

밤에 야간 고등학교를 진학했다. 고등학교는 음악 전공과는 관계가 없었는데, 선생의 허락을 받고 어두운 밤에 넓은 학교 강당에서 홀로 피아노를 연습하곤 했다.

낮에는 일하고, 밤에는 학교 다니는 생활이었다.

야간 고등학교를 졸업하고, 교토에 있는 한 음악대학에 입학하였다.

이제는 낮에는 학교에 가서 음악을 배우고, 밤에 일하는 생활로 바뀌었다.

대학을 졸업한 후.

선배가 소개해줘서 고등학교의 음악 강사로 취직되었다.

그런데 1년 정도 일을 했을 즈음.

학교에서 이 씨가 재일이라는 게 밝혀졌고, 학교는 즉시 그를 해고했다.

보통 사립학교가 국공립학교와 비교하여 차별이 더 심한데, 당시 근무했던 학교가 사립학교라서 외국인 차별이 더 심했다고 한다.

이 씨가 당시까지 일본 이름을 사용했고 조선인이라는 걸 친구나 사람들에게 한 번도 말하지 않고 숨기고 살았었다.

따라서 그에게 학교를 소개해준 대학 선배도 당연히 그를 일본 사람으로 알고 소개해주었던 것이다.

그런데 어떻게 알았는지, 학교에서 그가 재일인 걸 알았고 그는 해고당했다.

해고를 당한 후.

그는 학교 강사나 학원 강사 또 개인 과외 등 이런저런 음악선생을 하며 살아왔지만, 지금까지 평생 정규 교원으로는 취업하지 못하고 비정규직으로 일을 해 왔다.

조센진은 절대로 안 돼!

스물다섯 즈음.

그때까지 그는 자신이 조선인이라는 것을 누구에게도 말하지 않고 숨기고 살아왔고, 스스로 조선인이라는 사실을 의식하지 않고 외면하고 살아왔다.

그런데.

본인 스스로 조선인이라는 걸 본격적으로 인식하기 시작한 건 결혼의 시점이었다고 한다.

지금의 일본인 부인을 만나 사귀던 중.

결혼을 결심하던 순간, 그는 아내에게만은 자신의 존재를 반드시 얘기해야 한다고 생각했다.

조선인을 인식하는 것은 좋은 것이 없잖아요? 일도 그렇고 취직할 때도 그렇고, 모든 면에서 조선인은 불리하니까요.

그때까지는 나 스스로 조선인이라는 걸 의식하지 않고 외면했고, 그냥 일본인처럼 철저하게 숨기고 살아왔죠.

그런데 내가 조선인이라는 걸 진지하게 의식한 것은 결혼할 때예요.

지금의 아내를 만나 연애를 하다가 결혼을 생각하다 보니, 아무래도 내가 조선인이라는 걸, 한국인이라는 걸 이 사람에게는 말해야 한다고 생각했어요.

친구들에게도 사회생활에서도 주위 모든 사람에게 자신의 존재를 감추고 숨긴다 해도, 다른 사람은 몰라도 결혼할 상대에게는 고백해야 한다고 생각했어요.

결혼 상대에게 자신의 존재를 밝히는 것은, 꼭 거쳐야만 하는 통과의례 같은 것이에요.

그는 고민 끝에 고백했다.

"나, 사실은 재일이에요."

말하자면, 최초의 커밍아웃을 아내 될 여자에게 한 셈이다.

"그게 무슨 문제예요? 난, 상관없어요."

다행히 이 씨의 일본인 아내는 아무렇지 않게 대답했고, 두 사람은 결혼을 결심했다.

그런데 그의 처가에서 강하게 반대했다.

아내는 대수롭지 않게 조선인인 그를 받아들였지만, 아내의 형제와 부모와 친척이 모두 반대했다.

'조센진'인 그를 절대로 허락할 수 없다는 것이었다.

그러던 중, 아내의 아버지가 이 씨에게 귀화하면 허락하겠다는 말을 했다.

60~70년대 당시 상황은 재일에 대한 멸시와 차별의 인식이 지금보다도 더 심했던 때였다. 특히나 그의 아내의 고향은 조선인과의 결혼은 결코 상상할 수도 없는 일본 중에서도 매우 보수적인 곳이어서, '조센진'과의 결혼은 절대로 있을 수 없는 일이라고 말했다고 한다.

"당시 일본인들은 조선인을 개돼지 짐승과 똑같이 인식했어요."

그는 분명하게 말했다.

예전 가난한 조선인들은 교토의 하천가 둑에 판잣집을 짓고 살았는데, 이곳은 돼지와 소를 키우던 곳이었다.

그러니 조선인들이 하천 둑에서 실제로 돼지와 소와 함께 살았던 셈인데, 조선인을 이들 짐승이나 마찬가지로 똑같이 취급하고 멸시하고 하찮게 여겼던 일본인들이 있었다.

"내 처가가 정말로 조선인을 딱 개돼지처럼 인식하던 동네였어요."

그 지역 가족의 형제 누군가 '조센진'과 결혼하면 나머지 다른 형제들이 결혼하는 데에도 지장을 줄 정도로 특히나 폐쇄적이고 보수적인 동네였다고 한다.

그는 여하한 아내와 결혼하고 싶었기 때문에 어떻게든 허락받기 위해서 귀화를 결심하였다.

그러나 귀화를 신청하는 과정은 매우 굴욕적이었다.

범죄자 취급하듯이 열 손가락 모두 지문을 찍어야 했고, 이름을 일본 이름으로 바꾸고 무엇보다 천황의 충성스러운 신하가 될 것을 맹세해야 했다. 황국신민으로서의 서약을 해야만 하는 것이다.

일본 국적 신청은 그야말로 겉도 속도 완전한 일본사람으로 바꾸는 과정이었다고 한다. 도무지 무리한 요구를 하는 귀화 절차를 진행하면서, 그는 도중에 그만둘까 하고 몇 번을 고민하고 다시 과정을 진행하기를 거듭하였다.

그렇게 귀화를 신청하고 1년쯤 뒤.

우여곡절 끝에 이 씨는 국적을 일본으로 바꾸는 데 성공했다.

이제 법적으로 일본인이 된 이 씨는 아내 부모에게 연락했다.

그런데 귀화하면 결혼을 허락하겠다던 처가는 그가 귀화했어도 끝내 '조센진'인 그를 사위로 받아들이지 않았다.

결국, 아내와 이 씨가 결혼을 강행했고, 부인 쪽 가족은 한 명도 오지 않았다.

그러자 아내 부모는 딸에게 집에 오지도 못하게 했고, 그 후 처가는 딸과 인연을 완전히 끊었다. 따라서 그는 지금까지 평생 처가와 왕래하지 못하고 살아왔다.

다시 이름을 되찾기

결혼하고 아들과 딸이 태어났다.

아이들이 생기자 그는 재일 조선인인 자신의 존재를 아이들에게 어떻게 전하고, 또 일본인과 조선인을 부모로 둔 아이들의 존재를 어떻게 설명해야 하나 고민했다.

첫아이가 생겼을 때, 태어나는 아이에게 아버지인 나를 어떻게 전해야 할까 생각했어요. 그때, 결론은 역시 내가 조선인인 것을 아이들에게 전해주고 싶었어요.

'너의 아버지는 조선인이고, 어머니는 일본인이야'라고 사실 그대로 전해주고 싶었어요.

나의 뿌리를 숨기고, 아버지가 일본인이라고 말하고 싶지 않았어요.

아이들은 나처럼 이름과 출신을 감추고 숨기며 살지 말고, 떳떳하게 당당히 살기 바랐어요.

내가 나의 출신을 죽 숨기며 살았던 사실이 슬펐어요.

그는 본인은 물론이고 '조선인이 출신과 이름을 숨기는 사실이 슬펐다'고 말했다.

그는 아이들은 자신과 달리 출신을 숨기지 않고 사실 그대로 드러내고 살기를 원했고, 그래서 자신이 조선인인 걸 알려주기 위해서 귀화 전의 법적 이름인 한국 이름 '이'로 사용하고, 아이들도 서류상의 일본 이름 말고 한국 이름을 따로 만들어 주었다.

그리고 그는 그즈음부터 조선에 관해서 배우기 시작했다.

그는 자신의 부모가 일본에 오게 된 경위부터 알기 위해 재일의 역사를 배웠다.

또, 한글도 처음 배우기 시작했다. 그때까지 우리말을 전연 할 줄 몰랐기 때문에, 야간 한글 교실에 다니면서, 가 나 다 라, 아 야 어 여부터 우리말을 배웠다.

그런데.

학교에 들어간 딸이 친구들에게 이지메를 당하고 따돌림을 당했다.

딸이 한국 이름을 쓰니까 친구들이 딸을 '조센진'이라고 이지메를 한 것이다.

그러던 어느 날.

"나도 일본 이름으로 하고 싶어."

이지메를 당하고 학교에서 돌아온 딸이 울면서 말했다.

"나도 일본인이 되고 싶어."

사실 이 씨가 결혼 전에 귀화했기 때문에, 아이들의 국적은 당연히 일본이며 법적인 이름은 일본 이름이었다.

그가 아이들에게 한국 이름을 따로 만들어 주어 일상생활이나 학교에서 사용했던 것인데, 딸이 그 때문에 학교생활에서 곤란을 겪었다.

　그는 아이들의 원래 이름인 일본 이름으로 바꾸어 쓸 것인지, 한국 이름을 계속 쓸 것인지 아내와 상의했다. 그런데 계속 한국 이름으로 쓰더라도 서류상에는 늘 일본 이름이 남는 문제가 있었다.

　그는 아이들이 일본 이름을 쓰면 점차 스스로 일본사람으로만 생각하게 되고, 그러면 자연히 조선인의 존재는 아예 잊을 것으로 생각했다.

　그는 아내와 논의한 끝에, 귀화하면서 바꾼 일본 이름을 다시 본래의 한국 이름으로 바꾸기로 했다.

　아이들의 법적인 이름도 아예 생활에서 쓰는 한국 이름과 일치시키고자 한 것이다.

　그러나 그것이 당시에는 어려운 일이었다.

　지금은 한국 이름 그대로 일본으로 귀화하는 것도 가능하다. 하지만 당시에는 불가능했다. 일본으로 귀화하는 외국인은 자신의 원래 이름을 버리고 새로운 일본 이름으로 만들어 신청해야만 했다. 그러니까 귀화한 사람 중에 한국 이름의 귀화자는 없던 시절이었다.

　그러니 이미 일본 이름으로 바꾸어 귀화한 그가 법적인 이름을 다시 원래의 한국 이름으로 변경하는 신청을 한 것이니, 재판은 처음부터 쉽지 않았다고 한다.

　"이건 일본다운 이름이 아니다."

"'일본에는 없는 성씨로, 일본답지 않아서 허락할 수 없다.'"

안 된다는 대답들만 수차례 되돌아왔다.

고민하던 그는 한 가지 방법을 생각했다.

바로, 일본인 아내의 성을 '이'로 바꾸는 것이었다.

일본인에는 없는 성이라서, 일본다운 이름이 아니라서 허가를 하지 않으니, 일본인 아내의 성을 '이'로 바꾸면 가능하겠다는 생각에서였다.

1984년, 그는 먼저 일본인 부인의 성을 '이'로 바꾸는 데는 성공했다.

그는 곧 그의 이름을 '이'로 변경하는 신청을 했다.

"'이'가 일본인에게 있는 성이니, 내 이름을 '이'로 변경해 달라."

"단순한 민족 감정에 너무 매달리지 마라, 이렇게는 성을 바꿀 수 없다."

그래도 재판은 쉽지 않아서 그는 패소했다.

몇 번의 패소와 몇 년에 걸친 긴 재판이 이어졌다.

1987년.

포기하지 않고 지루한 싸움을 이어온 그는 끝내 본래의 한국 이름으로 바꾸는 데 성공했다.

일본으로 귀화한 외국인이 다시 본래의 제 민족 이름을 되찾은 것이다.

김치가 먹고 싶어요

귀화자.

일본 사회와 재일은 오랫동안 가해자와 피해자라는 적대적인 관계가 유지되었기 때문에, 일본 사회에서는 귀화자라 해도 일본인으로 보지 않고 다른 이물질처럼 여기고 재일 집단에서는 배신자로 여겨, 양 집단 모두에서 소외되던 사람들이다.

지금이야 시대가 바뀌고 생각도 변하여 귀화자도 개인의 의지에 따라서는 얼마든지 재일 집단의 구성원으로 함께하고 교류할 수 있다.

하지만 과거에는 귀화가 강하게 금기시되어 온 탓에, 재일 집단에서 귀화자는 배신자로 낙인찍혀 철저하게 배척되고 외면되었다.

따라서 예전에는 극단적인 둘 중 하나의 삶밖에는 달리 선택지가 없었다.

즉, 귀화하여 숨어 살거나 아니면 국적과 이름을 고수하면서 차별받는 재일로 사는 게 그것이다.

얼핏 보면 대단히 극단적이고 폐쇄적으로 보이지만, 한편 이것은 지독한 차별구조에 맞선 재일 나름의 저항방식이었고, 또 다른 한편으로는 일본 주류사회에 완전히 동화 흡수되지 않고 소수자 정체성을 계승하고 살려는 재일의 인정 투쟁의 방식이었다고 할 것이다.

그러나 예전 이항대립 분위기에서도 주변인은 있기 마련이어서,

예를 들면 귀화자이면서도 재일 조선인 집단에 속하고 싶어 한 이건필 씨 같은 사람들이 그 예이다.

그는 예전 민족단체에 들어갔다가 일본인이라고 단체에서 쫓겨났던 적이 있다.

아이들이 태어나고 자신의 뿌리에 관심을 두고 이것저것 공부할 때, 그는 한 단체에 들어간 적이 있다.

"외국인등록증이 있어요?"

귀화하여 당연히 외국인증이 없는 그는 없다고 말했다. 그러자 그가 귀화한 일본 국적자인 것이 금방 알려졌다.

"당신은 일본인이니까 여기 올 자격이 없으니, 여기서 당장 나가요"

단체 사람들은 뒤도 돌아보지 않고 그를 내쫓았다.

그는 촉촉이 빨개지는 눈시울과 울컥 잠기는 낮은 목소리로 단체에서 쫓겨났던 그때가 가장 고통스러운 기억이라고 회고했다.

> 내쫓겼던 그때가, 그때가 가장 힘들었어요.
> 일본인에게 차별받고, 학교에서 해고되었을 때보다, 처가
> 에서 결혼을 허락받지 못했을 때보다도 말이죠.

그렇다면, 자신의 얼굴을 완전히 바꾸어 철저하게 일본인으로 살아가는 많은 귀화자는 어떨까?

그들은 자신이 원하던 주류 일본인이 되어서 진정 행복할까?

길거리에서 어머니와 마주쳐도 아는 척을 하지 않고 그냥 지나칠 정도로 철저하게 일본인으로 살아온 그의 첫째 형님.

첫째 형은 조선에서 출생했다고 한다.

아홉 번째인 이 씨는 부모가 조선에서 일본에 건너오고 한참 뒤에 일본서 나고 일본 음식을 먹고 자랐다. 하지만 맏이인 형은 부모가 일본에 건너오기 전에 조선에서 태어났고, 따라서 아주 어릴 적 한국 음식을 먹고 얼마간 자랐다.

그런데 어느 날.

나이 들어 몸이 아파 쇠약해지고 식욕이 없어진 첫째 형이, 자기 가족에게는 말하지 않고 몰래 어머니를 찾아왔다.

집에 찾아온 형은 어릴 때 조선에서 먹던 김치와 깻잎 반찬이 먹고 싶다며, 어머니에게 만들어 달라고 부탁했다.

그날 저녁, 형은 평생 가족과 연을 완전히 끊으면서까지 철저하게 일본인으로 살아온 탓에 다른 형제들 얼굴을 떳떳이 보지도 못하고는, 집 밖 뒤쪽 구석에서 웅크리고 앉아 어머니가 만들어 준 김치와 깻잎과 된장국을 먹었다.

그날, 그는 나이가 들어서야 집에 찾아온 형이 집 안으로 들어오지도 못하고 어머니가 해 준 밥을 밖에서 몰래 먹는 것을, 뒤에서 살짝 훔쳐봤다.

그는 숨어서 한국 음식을 먹던 형의 뒷모습이 퍽 애처로웠고, 지금도 외로워 보이던 형의 등을 잊을 수 없다고 말했다.

그의 첫째 형은 사업을 했는데, 꽤 큰 회사로 성장하여 회장이 되어 부자로 살았다고 한다.

이른바 성공한 귀화 일본인으로서 잘살았던 셈인데, 몸이 아픈 노년이 되어서 먹고 싶은 음식이 고작해야 옛날 어릴 때 조선에서 먹던 소소한 반찬이었다니.

귀화했어도, 아무리 숨기고 살려고 해도, 아무리 억눌러도 감추어지지 않는 무언가가 자신 안에 있어요.
평생 어머니와 형제들을 외면하고 산 형조차도 그랬던 것 같아요.

그는 아무리 일본인의 가면을 쓰고 살려고 애서도 감출 수 없는 게 자신 안에 있다고 말했다.

그의 말대로, 가족을 못 본 체 지나갈 정도로 냉혈한인 형조차도 내면의 진짜 얼굴을 끝까지 속이는 건 힘든 일이었을까.

아마, 그의 형은 '조센진' 냄새나는 김치는 평생 단 한 젓가락을 먹지 않았을 것이며, 깻잎도 일본인이 잘 먹지 않던 채소이니 깻잎 한 장 먹지 못했을 것이다.

그러고 보면, 그의 형에게 김치와 깻잎 같은 조선 반찬은 남들에게 보여주는 얼굴과 내면의 얼굴이 불일치하고 불균형한 데서 오는 자기 분열과 고독을 녹이는 고향과 같은 음식이 아니었을까.

그래서 어쩌면, 그의 첫째 형님이 김치와 깻잎이 먹고 싶었던 건 몸이 쇠약해진 노년이 되기 전부터도 평생 그리워했던 건 아니었을지, 그건 또 단지 한국 반찬이 생각났던 게 아니라 일본인 사장으로 떵떵거리고 살면서도 마음속에선 '조센진' 어머니와 동생들이 평생 생각나고 그리웠던 건 아니었을지, 그의 이야기를 들으며 내 마음대로 생각해 보았다.

인터뷰를 마치고, 이건필 씨가 예전 재일이 많이 살던 동네를 안내해 주겠다고 하여 식당을 나와 교토역 남쪽으로 걸었다.

오래된 나무집 현관문이 다닥다닥 이어진 골목길로 들어서자, 예부터 재일이 많이 살던 동네라고 알려주었다. 그리고 이곳이 옛날 그의 가족이 처음 집을 사서 살던 골목이라고 한다.

그도 어릴 적, 돼지를 키우던 하천 둑에서 살았다.

그런데 개천에 사람들이 무허가 판잣집을 짓고 산 게 아주 옛날에만 있던 게 아니다. 불과 일이십 년 전까지도 몇 명의 가난한 사람들이 여전히 이곳에 살았는데, 거기 살던 사람들의 80%는 조선에서 이주한 사람들이었다고 한다.

예전, 조선인은 돈도 없었고 거주의 차별이 있었기 때문에 일본인이 사는 주택가에서 사는 것이 어려웠다. 재일에게는 집을 팔거나 세를 놓지 않던 시절이어서, 자연히 도심의 변두리로 몰려나서 주택가가 아닌 곳에 무허가 건물을 짓고 살았다. 그리고 돼지 기르던 방죽에서 주택가로 나오지 못하고 죽을 때까지 평생을 그곳에서 산 극빈자 조선인들도 있었다.

이 씨 가족은 예전 돼지 기르던 곳에서 나와 주택가로 이사하여 살았는데, 이 목조집이 처음으로 사람이 사는 진짜 주택가로 진입하여 살았던 집이라고 한다.

지금은 근처 다른 집으로 이사하여 살고 있어 오래된 집은 비어 있지만, 방 두 개 마루 하나인 나무집에서 많은 대식구가 오랫동안 함께 살았다.

부모와 많은 형제와 첫째 형님 부부가 가족과 인연을 끊고 분가하여 살기 전까지 다 같이 북적북적 살던 곳이고, 또 일곱 살 위의 누님이 비극적으로 생을 마감한 곳도 오래된 이 집이다.

그가 길가에 붙은 현관문을 드르륵 열고 들어가니 바로 맞은편에 검은색 피아노가 놓여 있다. 지금 이 집은 피아노 개인 과외를 하는 교실로 사용하고 있다고 한다.

그는 평생 정규 교원으로 일하진 못했어도, 예순이 훌쩍 지난 지금도 어린 손가락들과 같이 피아노 건반을 치며 아이들에게 꿈을 가르치고 있다.

어릴 적 그의 꿈은 여전히 현재 진행형이며, 설령 그가 칠순 팔순이 된다 해도 그때도 아이들이 꿈을 두드리는 경쾌한 소리가 좁은 조선인 골목에 울리면 좋겠다.

04

왜 한국말을 못 해요?

무당 할머니

재일 3세인 니시하라 씨는 오사카에서 나고 자랐다.

그녀의 조부모는 해방 전 조선의 경상도 대구에서 오사카로 건너왔다. 이쿠노구에 제주도에서 온 사람들이 많이 모여 산 것처럼, 이쿠노구 인근에는 대구에서 온 사람들이 많이 사는 동네가 있었다.

당시 일본으로 오는 사람들은 아는 사람의 소개와 인맥으로 건너오는 연쇄 이주가 많았다. 따라서 일본에 건너와서도 같은 고향에서 온 사람들끼리 모여서 사는 경향이 있었다.

그런데 할아버지는 일본으로 건너온 지 얼마 안 되어 바로 돌아가셨다.

그녀 아버지가 아홉 살 때였다.

할아버지가 죽고 할머니는 두 딸과 아들인 아버지의 3형제를 혼자 키우셨다.

후에, 아버지는 한국의 같은 고향에서 건너와서 서로 알고 지내던 지인이 어머니를 소개하여 만나 결혼했다.

따라서 그녀가 어릴 적 태어나서 자란 동네는 조선인이 많이 사는 동네였기 때문에, 그녀는 어릴 때부터 자신이 조선인이라는 사실을 당연하고 자연스럽게 알고 자랐다.

그러나 당시 보통의 가정과 비슷하게 그녀 가족도 집에서 우리말을 사용하는 경우는 없었다.

재일 2세인 그녀 부모는 우리말을 하지 못했기 때문에 집에서도 일본말로 생활했다.

그녀는 학교도 줄곧 일본학교에 다녔기 때문에, 가정에서나 학교에서 한국어를 배우고 접할 기회가 없었다.

이름도 가족 모두 일본 이름을 사용했다.

부모와 그녀의 국적은 한국 국적이다.

그녀의 법적 이름은 한국 이름으로 한국 이름이 기재된 한국 여권을 갖고 있지만, 일상생활에서나 학교에서나 직장에서 줄곧 일본 이름을 써왔고, 지금까지도 한국 이름을 사용한 적은 한 번도 없다.

그녀 아버지는 몇 년 전에 돌아가셨다.

취직차별이 더욱 심했던 시대를 살았던 그녀 아버지는 생전에 했던 일이 무려 50개는 된다고 한다.

회사에는 취업이 안 되니 다방이나 식당 같은 주로 자영업을 하였고, 어머니도 샌들을 만드는 등 집에서 하는 일을 계속했다.

그녀 아버지는 우리말을 전연 못 했지만, 자신이 한국인이라는 걸 숨기고 살지는 않았다.

"너는 조선인이다. 그러나 기죽지 말고 당당하게 살아라."

그녀에게도 조선인이라는 사실을 얘기해 주었다.

그래서 그런지, 그녀는 어린 시절 자신이 한국인이라는 걸 애써 숨기거나 부끄럽게 생각했던 기억은 없다고 한다.

자신이 한국인이라는 걸 알고는 지냈지만, 막상 그녀가 일상생활에서 한국문화를 접했던 유일한 계기는 할머니였다.

그녀가 중학생 때까지 할머니와 한집에서 같이 살았다.

할머니는 아주 가끔 한국말로 말했고, 평소에 치마저고리를 입었고, 근처의 절에 종종 다니곤 했다.

그녀는 어릴 적 할머니를 매우 좋아했고 할머니와 사이가 아주 좋았다.

중학교 어느 때.

집을 개조하여 작은 찻집을 차리면서 할머니와 그 뒤로 따로 살았다.

어린 시절, 그녀가 많이 좋아했던 할머니는 실은 무당이었다.

할머니가 3형제를 키우며 지내던 50살 즈음, 갑자기 열이 높게 오르고 몸이 아팠는데 신내림을 받고는 열이 내리고 몸이 나았다.

"지금부터 난 이 일을 하려고 몸이 아팠다."

할머니는 이렇게 말하고 그 뒤로 무당일을 시작했다고 한다.

할머니는 한 달에 반 정도는 집에 있고, 보름은 절에 가 지냈다. 할머니는 친구 집에 놀러 간다거나 절에 기도하러 갈 때면, 종종 어린 니시하라 씨 손을 잡고 그녀를 데리고 가곤 했다.

이럴 때면, 그녀는 1세인 조선인 할머니들이 우리말로 이야기하는 걸 들을 수 있었다. 그녀가 어린 시절 유일하게 우리말을 접했던 순간이다.

그녀는 우리말을 전혀 할 줄 몰랐으면서도, 옆에서 할머니들의 이야기를 들으면서 왠지 대충 뜻을 알아채곤 했다.

또 할머니가 손을 잡고 절에 데리고 가면, 거기서 할머니가 기도하는 모습을 보았고 여러 가지 음식을 상에 올려놓고 제사 지내는 모습을 구경하며 놀았던 추억이 있다.

그녀가 스무 살 무렵, 할머니가 돌아가셨다.

할머니가 죽은 뒤로, 그녀가 좋아했던 할머니를 추억하는 것은 동시에 조선인인 할머니와 함께 경험했던 한국적인 것들을 그리워하고 동경하는 것이 되었다.

조선으로 돌아가!

　학창시절, 그녀는 기억에 남는 이지메나 차별을 받은 적도 없고 일본인이 아니라서 부끄럽거나 기죽거나 하지도 않았다.

　다만, 한 번의 기억이 있는데, 초등학교 때였다.

　"조센진, 조선으로 돌아가!"

　남자아이가 그녀에게 욕을 한 적이 있다.

　내가 만났던 거의 모든 재일이 한 번 이상은 듣고 자랐던 이 말은, 오랫동안 일본인이 조선인에게 했던 대표적인 혐오와 경멸의 말이다.

　"야, 사과해."

　이 말을 들은 그녀는 대단히 화가 나서 남자아이와 크게 싸움을 한 적이 있다.

　그런데 이 일이 선생의 귀에 들어가게 되었는데, 다행히 선생이 남자아이에게 잘못을 지적하였다. 며칠 뒤, 남자아이가 부모를 데리고 학교에 와서 그녀에게 정중하게 사과한 적이 있다.

　어린 시절, 자신은 기죽지 않는 씩씩한 여자아이였다고 그녀가 웃으며 말한다.

　중학교 때까지는 학교에 재일 친구가 많았다.

　일본학교였지만 40명 정도였던 한 반에 5명 정도는 재일 친구가 있을 정도였다.

재일이 많이 사는 동네였기 때문에, 학교에서 굳이 이야기하지 않아도 누구는 누구네 집 아이라는 것을 모두 알 정도였다. 따라서 그때까지는 일부러 혹은 본의 아니게 자신이 재일이라는 사실을 숨길 필요가 없었다.

그런데 고등학교부터는 환경이 달라졌다.

작은 동네를 벗어나 있는 고등학교는 중학교 때까지와 달리 넓은 세상이었다.

서로를 자연스럽게 알았던 중학교 때와 달리, 고등학교에서는 그녀가 말을 해야만 재일인 걸 알게 되는 상황이 되었다.

이때부터 그녀는 차차 일본인 친구들 속에 섞여서 지내게 되었고, 친구들은 자연스레 그녀를 일본사람으로 알았다.

그녀가 일부러 한국인이라는 걸 감추려고 한 건 아닌데도 또 구태여 친구들에게 고백할 필요도 없었기 때문에, 점차 그녀를 일본인으로 아는 친구들이 더 많아졌다.

그때 이후, 이러한 상황은 지금까지도 계속되고 있다.

따라서 그녀는 일상생활에서나 일터나 어디에서나 모든 이들이 그녀를 일본사람으로 알고 지내고, 외관상 그렇게 일본인처럼 살아간다.

그녀가 애써 숨기려고 하는 건 아니지만, 또 굳이 고백하지 않으면서 말이다.

사실은, 나도 재일이에요

대학을 졸업하고, 한 회사에 취업했다.

'재일은 안 돼요'라고 말하는 곳에는 아예 지원서를 내지도 못하고, 여기저기 알아보던 중, 재일이 주인인 회사에 취직되었다.

오사카 말고도 다른 몇 개 도시에도 지사가 있는 꽤 큰 회사였고, 각 지사의 지사장도 모두 재일이었다. 니시하라 씨가 입사한 곳도 지사장이 재일이었고, 직원의 1/4 정도가 재일이었다.

회사에 첫 출근을 한 날이었다.

"니시하라 씨는 재일이에요."

지점장이 그녀를 소개하는 중에, 사전에 아무 말도 없이 지점장이 그녀가 재일이라고 소개했다.

"안녕하세요, 잘 부탁드립니다."

갑작스러운 소개였지만, 그녀는 아무렇지 않았고 담담히 인사를 했다.

그 뒤 어느 날.

당시 회사에 여자 직원이 열 명 있었는데, 그중의 한 동료가 그녀를 조용히 불렀다.

"첫 출근 하던 날, 소개하기 전에 지점장이 먼저 말해주었어요?"

알고 보니 대학 후배이기도 했던 동료는, 지점장이 재일이라고 소개할 거라는 것을 그녀에게 미리 말하고 허락을 받았는지 물었다.

"아니요, 몰랐어요."

그녀는 대답했다.

"그때, 괜찮았어요?"

"뭐가요? 전혀요."

그녀의 말에 후배 동료가 잠시 고개를 숙이고 있더니, 조용히 고백했다.

"사실은, 나도 재일이에요."

"예? 왜 얘기 안 했어요?"

열 명의 여자 직원 중에 니시하라 씨를 포함하여 세 명이 재일이었는데, 이것은 직원 모두가 알고 지내는 사실이었다. 재일이 주인인 회사였고 동료 재일이 많이 일하는 곳이었으니, 그녀는 일부러 숨길 필요가 없는 상황이라고 생각했었다.

모두가 일본사람으로 알던 후배 동료는 그렇게 니시하라 씨에게 소심한 고백을 했다.

그 후배 동료가 어린 시절 자란 동네는 일본인 동네였다고 한다.

'학교에서 재일은 나 혼자가 아닐까?'

그 후배는 초등학교 때부터 늘 혼자라는 불안감이 있었다고 한다.

따라서 재일을 드러내지 않고 감추고 살아왔고, 그때까지 본인 입으로 직접 자신이 재일이라는 걸 말한 적이 단 한 번도 없었다.

그렇게 자란 후배 동료는 재일 집단과 비슷한 환경인 회사에서도 자신이 재일이라는 걸 그때까지 말하지 않고 숨겨왔던 것이다.

그런 후배가 보기에는, 출근하는 첫날에 수십 명의 직원 앞에서 갑자기 재일이라고 소개받고도 자연스럽게 인사하는 그녀의 모습이 퍽 놀라웠다고 한다.

후배 동료는 니시하라 씨에게 그렇게 조용하고 소극적인 자신의 생애 첫 커밍아웃을 했다.

그 뒤로, 후배는 다른 재일 여자 동료에게 한 번 더 고백했다. 하지만 다른 일본인 동료들에게는 말하지 않았다.

따라서 회사 사람 전부가 공개적으로 알게 되지는 않았고, 남들은 모두 전과 다름없이 후배 동료를 일본인으로 아는 채로 회사 생활을 했다.

그러나 회사의 특성상 당시에는 아무렇지 않았지만, 사실 그녀도 일반 다른 일상생활과 조직과 학교 등 일본 사회의 모든 곳에서, 재일이라고 밝히는 건 지금도 여전히 큰 용기가 필요한 일이라고 말했다.

자기 안의 의식적인 결단과 커다란 용기가 필요 없이도, 자신이 한국인이라는 말이 자연스레 입 밖으로 나온 건 재일이 많이 살던 중학교 때까지였다.

그 뒤로 고등학교부터는, '여기서 말해도 괜찮을까' 하는 불안과 우려가 먼저 마음속에서 생긴다고 한다.

오십이 되어가는 지금도 그렇다.

겉으로는 아무렇지 않게 재일이라고 말하고, 괜찮다고 말
하지만, 사실 마음속 한구석에는 항상 걱정이 있어요. 지
금 여기서 말해도, '아이들에게 괜찮을까' 하는 생각이 들
어요.
어릴 적부터 굳이 숨기지 않고, 지금까지 나는 당연히 한
국인이라고 생각하고 살아왔어요.
그래도 솔직히 말하면, 언제 어느 때라도 전혀 아무렇게
않게 '나는 재일이에요'라고 얘기한다면, 그건 거짓일 거
예요.
솔직히, 말할 때는 항상 용기가 필요해요.
어느 곳에서, 어떤 사람 앞에서, '나는 재일이에요'라고
고백하는 건, 나이 든 지금도 큰 용기가 필요해요. 언제나
커다란 용기가 필요해요.

일본인 남자는 안 돼!

회사 다니던 때.
친구의 소개로 지금의 남편을 만났다.
교사인 남편과 처음 만난 자리에서, 남편은 예전에 만났던 여자

친구에 대해 말해주었다. 재일 여성과 사귀어 결혼까지 하고 싶었는데, 여자 쪽 부모가 심하게 반대해서 헤어졌다는 말을 했다.

예전, 서로 간에 차별적이고 적대적인 분위기가 팽배했던 시절, 일본인이 재일과의 결혼을 반대한 것처럼 마찬가지로 많은 재일은 일본인과의 결혼을 꺼렸다.

결혼을 반대하는 여자 부모 때문에 남편은 자신이 국적을 한국으로 바꾸어 한국인이 되어서라도 결혼하고 싶었지만, 결국 이별했다는 말을 했다.

"실은, 나도 재일이에요."

얘기가 나온 김에, 그녀는 처음 만난 자리에서 남편에게 고백했고, 둘은 사귀기 시작했다.

그런데 그녀 부모가 크게 반대했다.

"일본 남자와는 안 된다."

남편의 아버지는 돌아가시고 어머니만 있었는데, 남편 어머니는 이전에 한 번의 경험도 있어서인지 아들이 좋아하는 사람과 결혼하는 걸 지지하고 별다른 반대가 없었다. 다만 아들에게, '국적까지 한국으로 바꾸는 것만은 좀'이라고 말했다고 한다.

당시 그녀가 사촌들을 포함하여 형제 중에서 첫 결혼이었다. 그때까지 부모 세대에서 일본사람과 결혼한 경우는 한 명도 없었다.

그녀는 가족들이 강하게 반대하자, 남편과 결혼할 것인지 헤어질 것인지를 고민했고, 그녀는 결혼하는 것으로 결정했다. 그런데 부모가 좀체 허락하지 않았다.

그즈음, 외삼촌이 옆에서 힘을 주었다.

왠지 남편을 마음에 들어 했고 또 공무원이니 큰 경제적 어려움은 없을 거라며, 그녀에게 '포기하지 말라'고 말해주었다.

"일본사람이라도 사람은 괜찮잖아요?"

"학생 때부터 친한 재일 친구도 많고, 한국에 관심도 많대요."

외삼촌이 그녀 부모에게 설득했고, 우여곡절 끝에 결혼하였다.

그녀의 국제결혼은 어머니 쪽과 아버지 쪽 친척을 포함하여 그녀 집안에서 일본사람과 한 첫 결혼이었는데, 재미있는 건 그녀를 응원하던 외삼촌도 나중에 막상 자신의 두 딸이 모두 일본 남자를 데려오자 두 번 다 크게 노하면서 반대했다고 한다. 결국, 둘 다 어쩔 수 없이 허락했지만 말이다.

결혼하고 얼마 뒤.

"애들에게는 아버지와 엄마 모두 일본 국적인 것이 좋다. 네가 귀화해라."

첫아이가 생기자, 결혼을 강하게 반대했던 부모가 먼저 그녀에게 귀화를 권유했다.

"엄마인 내가 재일이라는 게 알려지면 아이들마저 일본 사회에서 크고 작은 불이익을 받으니까, 엄마 아버지로서는 그런 결정을 했을 거예요."

재일이 일본 주류사회에 동화되는 척도로 말해지는 대표적인 게 결혼과 귀화이다.

그만큼 스스로 조선인 의식을 갖고 사는 사람에게는 결혼도 그렇고 더욱이 귀화는 선뜻 결정하기 어려운 문제라는 뜻이리라.

결혼 초기, 부모가 귀화를 권유했어도 그녀는 귀화를 미루며 결혼생활을 이어 나갔고, 첫째 아들에 이어 둘째 딸을 낳고 첫아들이 대학생이 된 지금도 귀화하지 않고 있다.

그녀의 여동생 둘은 모두 재일과 결혼했고, 일본 남자와 결혼한 사촌 형제들이 더 있었는데 사촌들은 하나같이 모두 귀화하여 일본 국적으로 바꾸었다고 한다.

일본인과 결혼한 사촌들은 결혼하고 나서 모두 귀화했는데, 그녀는 왜 지금껏 귀화하지 않고 사는 걸까.

한국 사람이 왜 한국말을 못 해요?

결혼하고 27세 무렵.

남편과 한국으로 처음 여행을 갔다.

그때까지 2세인 그녀 부모는 한국을 한 번도 간 적이 없었다. 지금까지도 한국에 다녀온 것은 단 한 번뿐이다. 1세인 할머니는 한국에 왔다 갔다 했는데, 2세 부모는 한국을 거의 왕래하지 못했다.

결혼 후, 처음으로 간 한국여행.

그런데 1주일 정도 돌아다닌 첫 한국여행은, 그녀가 자신이 한국 사람이 아니라는 걸, 한국의 한국 사람과 자신이 크게 다르다는 걸 확인한 여행이 되었다.

　　나는 일본서 줄곧 한국 사람으로 생각하고 살아왔는데,
　　난 한국인이 아니구나, 한국에 사는 한국 사람과 내가 다
　　르다는 걸 거기서 처음으로 깨달았어요.
　　한국에 가보고 나서, 내가 한국 사람이 아니라는 걸 알
　　게 되었어요.

　그도 그럴 것이 우리말을 전연 못 하니, 그녀를 한국 사람으로
알아봐 주는 사람은 한 명도 없었다. 당시 남편은 한글을 배워서
말은 못 해도 읽는 건 가능한 정도였고, 그녀는 그마저도 전혀 모
르던 때였다. 어릴 적, 할머니와의 생활로 왠지 간단한 말의 뜻을
대충 알아채는 정도였다.
　처음 한국 공항에 도착했을 때.
　입국심사대에서 그녀가 대한민국 여권을 보여주니까, 직원이 당
연히 한국말로 뭐라고 말을 하였다.
　"'와카리마센?(죄송합니다?)"
　그 말을 알아듣지 못한 그녀가 일본어로 대답하니, 직원은 다시
한국말로 뭐라 뭐라 말했다.
　"한국 사람인데, 왜 한국말을 못 해요?"
　그녀가 우리말로 대답을 못 하고 멀뚱멀뚱 쳐다보고만 있자, 공
항직원이 상당히 의아하다는 표정으로 말했다.

'나는 한국말을 못 하지만, 한국 국적을 가진 재일이에요'
라는 말을 우리말로 설명하지 못했어요.
'나는 한국 여권을 갖고 있는 한국 사람이지만, 일본에 사
는 재일 한국인이라 우리말을 잘 못 해요'라고 말하고 싶
었는데, 그걸 한국말로 설명할 수 없어 답답했어요.

그녀는 느낌으로 직원의 말의 뜻을 대강 알아챘지만, 그 순간 한
국말로 단 한마디도 대답할 수가 없었다.

내가 일본말을 하니까, 한국말을 전혀 못 하니까, 한국에
서는 모든 사람이 나를 일본사람으로 알았어요.
'나는 일본사람이 아니에요', '나는 일본에 사는 한국 사
람이에요'라고 말하고 싶었는데, 정작 그걸 우리말로 못
하니, 참 나 자신이 답답했어요.
어디 가나 한국 사람들은 모두 친절했지만, 왠지 '너는 우
리 무리가 아니야'라는 느낌이었어요. 날 끼워주지 않는
느낌이랄까요?
매우 차가웠어요. 처음에 그게 엄청 서운했고 외로웠어요.

처음, 한국에 가서 외국인 취급당하는 게 '무척 외로웠다'고 옛
날 기억을 말하는 그녀가 살짝 눈물을 보였다.
그녀가 처음 한국 땅에 내리자마자 겪은 곤혹스럽고 당황스러

운 경험은 지금까지 그녀가 한국국적을 고수하는 하나의 계기가
되었다.

　귀화하여 일본인 속으로 파묻혀버리는 존재가 되기 싫다며 말
이다.

　　처음, 한국에 방문했을 때, '나는 한국인이 아니야'라는
　　생각이 들었어요.
　　역시 달라요. 한국에 사는 한국인과 자신이 다르다는 걸
　　그때 처음으로 알게 되었어요.
　　그래서 내가 국적마저 일본으로 바꿔버리면, 난 점차 일
　　본인이 되고, 그렇게 되면 '나는 완전히 한국과 연이 없어
　　지게 되겠구나'라는 생각이 들었어요.
　　또, 내가 일본으로 귀화하면 아이들도 점점 내가 한국인
　　이라는 걸 잊게 될 테고, 그렇게 되는 게 싫었어요. 내가
　　한국인이라는 걸 아이들에게 전해주고 싶었어요.
　　재일이 많이 귀화하는데, 귀화를 좋다 나쁘다 말하기 힘
　　들어요. 귀화해도 조선인의 자긍심을 갖고 살면 좋지만,
　　일본의 사회 분위기가 귀화 조선인이 자존감을 갖고 살기
　　힘든 현실이니까, 귀화하는 재일은 그냥 일본인 속으로
　　파묻혀버리죠.
　　전 그대로 파묻히기 싫어요.

　첫 한국여행을 시작으로, 지금까지 한국은 수십 번 다녀왔다. 주

로 남편 방학 때를 이용하여, 일 년에 한 번이나 두 번씩 다녀온다.

그런데 지금은 간단한 한국어는 가능하여, 공항에서 '한국 사람이 왜 한국말을 못 하냐?'는 핀잔을 듣지는 않는다고, 그녀가 환히 웃으며 말했다.

한국인이라는 징표가 필요해요

그녀가 한국어를 배우기 시작한 것은 20년 전쯤이다.

첫 한국여행은 '난 한국 사람이니 한국말을 배우자'는 마음을 굳히게 했다.

남편은 이미 퇴근길에 한글을 배우고 있었는데, 그녀는 어린아이들이 있어 상황이 여의치 않았다. 그러던 중, 마침 집 근처에 한국어 시민강좌가 생겨서 아이들을 데리고 시민강좌에 나갔다.

그것이 그녀가 한국어를 배우기 시작한 출발이었다.

그 이후 지금까지, 지역에서 조선 문화를 배우고 여러 활동에 참여하며 지내왔다. 아이들 학교의 학부모회에 참가하여 축제, 연극, 풍물 등을 배워왔다. 그녀는 풍물반에서 장구를 배우는데, 장구를 배우는 사람 중에는 일본인도 많다고 한다.

"한국인이라는 걸 부끄럽게 생각하지 않고, 일본에서 재일이 건강하게 살아가는 게 관심이에요. 그래서 문화 활동을 시작했어요."

그녀가 한글을 배우고 재일 문화를 배우고 활동에 참여하는 것,

이러한 것들은 모두 자신이 '한국에 뿌리를 둔 재일이라는 것을 확인하는 작업'이라고 말한다.

그냥 가만히 있으면, 겉으로 드러나는 무언가를 보여주지 않으면 일본사람으로 아니까 말이다.

> 최근 한국에서 이민 온 한국 사람들은 일본서 오래 살아도 자신이 한국인이라는 것을 당연하다고 생각해요.
> 하지만 우리 재일은 한국인이 되고 싶은 마음은 강하지만, 일본에서 태어나고 자라 뭔가 떳떳하지 못한 뒤가 켕기는 게 있어요. 여기 일본에서 살아온 탓에 당당하게 조선인의 자긍심을 갖고 살기가 힘든 게 있어요.
> 한국인도 아니면서 일본인도 아닌 것이, 바로 우리 재일의 아이덴티티 같아요.

그녀는 재일은 '한국인도 아니고 일본인도 아닌' 존재라고 말했다.

어쩌면 그래서 일본 남자와 결혼하고 아이들을 낳고 생활하면서도 귀화하지 않고 한국 국적을 고수하는 것인지 모르겠다.

경계인인 자신의 소속을 증명할 확실한 징표 하나를 갖기 위해 말이다.

그리고 보면, 그녀에게 국적은 출생하며 당연히 주어지는 귀속 서류가 아니라 자신의 뿌리이며 정체성을 증명하는 선택 가능한 서류이다.

또, 그것은 그녀에게는 단지 서류 한 장이 아니라, 그녀에게 한국 여권은 전 생애에서 순간순간 맞닥뜨리는 불안과 두려움을 용기를 내어 이겨나가며 획득하고 유지하는 자신과의 투쟁의 성과라고도 할 것이다.

가족 내 한일전

니시하라 씨 아이들은 더블이다(double: 일본에서 재일과 일본인 부모 사이에 태어난 자녀를 부르는 말).

그녀에게 아이들이 어떻게 살기를 바라는지 물었다.

그녀가 필사적으로 한국 사람의 끈을 놓지 않으려고 노력하는 것에 비하면, 의외로 그녀의 대답은 담담했다.

아이들이 어느 쪽을 선택해도 괜찮아요.

애들은 양쪽 피를 받은 더블이니까, 어느 쪽을 선택하는 가는 애들의 자유니까요. 아이들이 일본인인지 한국인인가의 문제는 나와는 관계없으니까요. 아이들 스스로 어떻게 생각하는지가 중요해요.

선택은 관계없지만, 다만 다른 사람을 상처 주지 않는 사람이 되었으면 좋겠어요.

아들이 가끔 '나는 일본인'이라고 말하는데, 그럴 때면, '내 아들은 그렇게 생각하는구나'라는 생각이 드는 정도이다.

그녀는 어떤 때는 아이들이 혼혈의 사실을 오히려 즐기는 것 같다고도 말했다.

어릴 때, 남편의 일 때문에 말레이시아, 인도 등지에서 잠시 살았던 적도 있고, 재일과 한국에 대해 관심이 많고 한국에 자주 여행 가는 남편의 영향이 있어서 그런지, 지금까지 그녀가 한국인이라서 아이들과 어떤 갈등이나 문제는 없었다.

그녀 남편은 본래 학창시절부터 재일 친구를 많이 사귀었고 한국에 관심도 많았다.

당시만 해도 한류가 없던 시절로, 보통 일본인들이 재일과 한국에 대한 지식이 거의 없고 온통 부정적인 이미지만 많던 때였다. 그런데도 어쩐 이유인지 그녀 남편은 어릴 때부터 재일 친구 집에 놀러도 가고, 친구 부모들과 자식처럼 지낼 정도로 친하게 지내왔다.

게다가 남편은 인상도 한국 사람처럼 보여서, 결혼하고 나서 사람들에게 국제결혼이라고 말하면 십중팔구는 남편을 재일로 알고 자신을 일본인으로 본다고, 그녀가 웃으며 말한다.

남편은 학교에서 일하기 때문에 학생들을 데리고 가끔 해외여행을 간다.

그런데 그때 여권을 보고는 자신이 재일이라는 걸 처음 아는 학생이 있다고 한다. 부모가 말해주지 않아서 일본인으로 알고 있던 학생들은 일본 여권이 아니라 한국 여권을 받아보곤 큰 놀라움과 충격을 받는다는 것이다.

이럴 경우, 남편과 같이 옆에서 이야기를 해주는 사람이 주위에 있는 경우는 다행이지만, 그렇지 않은 학생들은 청소년기에 자신의 정체성에 큰 혼란을 겪는 젊은 세대가 많다고 한다.

다행히도 그녀 아이들은 엄마가 한국인이라서 상처받거나 힘들어한 적은 없다고 한다.

다만, 한일전 경기가 있는 날은 예외적으로 가족이 치열하게 갈라진다고 그녀가 웃으며 말한다.

한일전 경기가 있는 날은 가족이 응원하는 팀이 나뉘기 때문이다.

보통 때는 가족 모두 일본팀이나 한국팀을 응원하는데, 한일전이 있는 날은 예외이다. 이날은 그녀는 한국을 응원하고, 남편과 아이들은 일본을 응원한다.

한일전은 한국과 일본 모두에서 매우 뜨겁지만, 그녀 가족 내에서도 한일전 응원은 매우 치열하다. 그리고 한국이 지면 그녀는 매우 분하다고 한다. 또 한국이 우승하거나 이겼을 때도, 일본이라 한국 선수들의 시상식을 TV에서 볼 수 없는 점도 매우 아쉽다.

아이들이 엄마 나라를 응원하지 않고 일본을 응원하는 게 서운하지 않냐고 물으니, 그녀는 '어쩔 수 없다'고 말했다.

아이들이 한국 사람으로 살아갈지 아니면 일본사람으로 살아갈지는 아이들 스스로 선택할 문제이기 때문이다.

아이들에게 어느 쪽을 선택하라고 강요하지 않았어요.
아이들이 어느 쪽을 선택해도, 엄마의 뿌리인 한국에 관
심을 주면 좋겠어요. 엄마가 한국에 뿌리를 둔 한국인이
고, 자신이 한국인 엄마의 피를 받은 존재라는 걸 인식하
고 살았으면 좋겠어요.
그냥 보통의 일본인이 아니라는 걸 말이죠. 아이들이 엄
마가 한국인이란 걸 잊지 않기를 바래요.
그리고 그런 더블인 자신들을 부정적으로 생각하고 숨기지
말고, 스스로를 아끼고 좋아하는 사람이 되면 좋겠어요.
또, 혹시 일본 다음으로, 엄마의 나라인 한국을 응원해주
는 아이들이 되면 좋겠어요.

아이들에게 엄마인 자신의 존재를 전해주고 싶은 그녀, 자녀들
이 엄마가 한국 사람이라는 걸 잊지 않기를 소망하는 그녀.
대부분은 당연하고 자연스러운 일이 그녀에게는 절실하고 간절
한 바람이다.
일본인과 결혼한 대부분 사람이 선택하는 길인 쉽게 살고 그냥
되는대로 사는 쪽을 선택하지 않고 구태여 어려운 길을 가는 그녀.
일본인 속으로 파묻히기 싫다는 그녀.
그녀의 의지가 바람에 흔들려 부러지지 않고 꿋꿋이 이어지면
좋겠다.

逆轉

제3장

—

역전

05

내 할아버지는 조선인

내 몸의 1/4은 조선인 피

교토에서 매년 가을에 개최하는 자그마한 재일 축제가 있는데, 이 축제를 주도적으로 준비하고 당일 현장에서 여러 공연을 하는 풍물패가 있다.

어느 하루.

풍물패 전체 모임이 있는 날 저녁, 그곳에서 다양한 젊은이들을 만났다.

20대 후반의 가네모토 씨는 할아버지가 조선인이다.

따라서 그는 자신을 쿼터라고 소개했다(quarter: 일본에서 조선인 피가 1/4 섞인 사람을 일컫는 말).

축제에는 처음 1회를 시작하던 초등학교 때부터 지금까지 참가하고 있었다.

고등학교 3학년을 전후로 몇 년 말고는 지금까지 한 번도 빠지지 않고 참가하고 있다고 하니, 그에게 풍물패와 축제는 아동기와 청소년기를 함께한 추억이며 또 지금 청년기 현재의 삶과도 뗄 수 없는 것으로 보였다.

"나의 할아버지는 조선인이에요. 그러니까 내 몸의 4분의 1은 조선인 피지요."

그가 웃으며 말했다.

할아버지가 일본인 할머니와 결혼하여 2세인 그의 아버지가 태어났고, 조선인과 일본인 피가 반씩 섞인 그의 아버지가 일본인 어머니와 결혼하여 3세인 그가 태어났다고 하니, 그의 말대로 그는 조선인 피가 4분의 1 섞인 일본인인 것이다.

"그러니까 난 완전한 일본인이 아니라, 조선인 피가 섞인 일본인이에요."

그는 내게 자신을 이렇게 소개했다.

가네모토 씨는 어릴 때부터 할아버지와 함께 살았다.

할아버지와 같이 산책을 자주 했고 등산도 함께 갔다.

할아버지와 어린 시절부터 친하게 지냈고 할아버지를 특별히 좋아했다.

그가 한 살 때인 돌 때, 한복을 입고 찍은 사진이 지금도 있다.

오봉(음력 7월 15일. 한국의 추석과 유사한 일본의 명절) 날에는, 집에서 떡국을 끓여 먹고 제사를 지냈다.

그러나 아주 어린 시절.

그는 이러한 가정 문화가 무엇을 뜻하는 것인지 잘 몰랐다.

그도 그럴 것이, 할아버지는 그에게 자신이 조선에서 건너온 사람이라는 걸 말해 준 적이 없었다.

따라서 그는 자신의 가정 문화가 일본가정의 그것과 조금 다르다는 것도, 할아버지가 일본사람이 아니라는 것도 전혀 눈치채지 못했었다.

그는 당연히 할아버지가 일본인인 줄 알았었다.

가네모토 씨가 할아버지가 일본사람이 아니라 조선인이라는 걸 처음 안 것은 초등학교 때였다.

초등학교에 들어간 어느 날, 할아버지의 외국인등록증을 우연히 보게 되었는데, 거기 적힌 이름이 일본인 이름이 아니었다.

그날, 그는 할아버지가 조선에서 건너온 사람이고 할아버지 뿌리가 한반도라는 걸 처음 들어 알게 되었다.

그 뒤, 그의 할아버지는 조선적에서 일본 국적으로 귀화하여 살다가, 작년에 돌아가셨다.

돌이켜보면, 그의 할아버지는 밖에서 자신이 조선인이라는 걸 다른 사람들에게 말하지 않고 살았다.

그러나 또 말할 기회가 되면 자신이 조선인이라고 말을 했지, 굳이 숨기지는 않고 살았다.

그는 그런 할아버지와 친하게 지냈고 할아버지를 매우 좋아했다.

지금도 그는 지갑에 할아버지 사진을 갖고 다닌다고 하면서, 이야기 도중 지갑을 열어 그의 조선인 할아버지 사진을 꺼내 보여주었다.

할아버지와 같이 살고 친하게 지내서 그런지, 그는 어릴 때부터도 조선인이나 한국문화를 접할 기회가 되면 왠지 거부감이 전혀 없었고 자연스럽게 어울려 교류를 했다고 말했다.

그는 매우 친했고 너무나 좋아했던 할아버지와의 기억을 시종 밝은 미소를 띠며 말해주었다.

조선에서 건너온 할아버지의 존재는 나의 존재를 규정할 때 빼놓을 수 없어요. 할아버지가 없으면 내가 없으니까요.
나는 일본인이지만, 조선인인 할아버지에게서 이어지는 조선인의 피가 일부 섞인 조선인이에요.

어린 시절부터 지금까지, 그가 장구를 두드리고 꽹과리를 치고 풍물을 배우며 사람들과 교류하는 것도, 비록 완전하지는 않아도 스스로 자신의 일부는 재일 조선인이라는 인식이 있기 때문이라고 말했다.

그러니까, 나는 일본인이지만, 일본인이면서도 일반 일본
인과는 다른 일본인이에요. 일본인이면서 일본인과는 다
르게 조선인의 기원을 갖는 일본사람이죠.

난 앞으로도 그냥 일본인으로만 살아가고 싶지 않아요.

일본인이면서 또 재일로 살아갈 생각이에요.

할아버지의 나라, 조선의 문화를 배우고 사람들과 어울리
는 게 즐거워요.

그는 일본인 부인과 결혼하여 어린 딸이 있다.

두세 살쯤 되었을까.

작은 아기가 엄마에게 있다가 아빠에게 왔다가 이리저리 뒤뚱거
리며 걷고 있다. 조선인 할아버지의 후손인 4세 아기이다.

그럼, 그의 아기는 1/8의 조선인 피가 섞인 셈인가.

가네모토 씨는 자신이 풍물패와 함께 성장한 것처럼, 어린 딸이
조금 더 크면 딸과 같이 여기서 풍물을 배우고 함께 공연도 하며
앞으로도 계속 풍물패에 와서 놀고 싶다고 말했다.

물론, 조금 크면 딸 본인 의사가 중요하겠지만 말이다.

그와 대화하는 중에 엄마와 저쪽에서 놀던 어린 딸이 아빠에게
왔다가 다시 엄마에게 갔다가 바삐 움직이고 있다.

내가 보기엔, 자기 집 안방처럼 아주 익숙하고 편안하게 놀고 있
는 아기는 벌써 풍물패 성원이나 다름없어 보였다.

"그런가요?"

그에게 희망이 벌써 이루어지기 시작한 것 같다고 말하니, 왔다 갔다 하는 딸을 무릎에 안으며 그가 활짝 웃었다.

내 몸의 1/2은 조선인 피

최재희 씨는 어머니가 재일이고 아버지는 일본인이다.

그녀는 태어나면서부터 일본 국적자로서 일본인으로 자랐기 때문에, 서류상으로나 일상생활에서나 당연히 한국 이름을 가진 적이 없다.

그녀가 내게 소개한 최재희는 자신이 얼마 전부터 직접 만들어 사용하는 이름이라고 한다.

어머니가 귀화 전 원래 성이 최씨였기 때문에, 어머니 성인 최씨에 자신이 이름을 붙여서 만든 것이다. 법적 이름은 아니지만, 최근에는 재일 커뮤니티에서는 이 이름을 사용하고 있다.

그녀는 '처음에는 내 이름이 아닌 것 같아 어색했는데 지금은 이 이름도 나름 익숙해져서, 이제는 한국 이름도 내 이름 같다'고 말하며, 본래 제 이름이 아니라 한국 이름으로 자신을 소개했다.

최 씨는 교토의 한 대학에서 대학원을 다니고 있다.

그녀 어머니가 자란 고향은 재일이 살지 않은 일본인 동네여서, 자라면서 재일을 거의 만날 수 없는 환경이었다고 한다.

어머니가 고등학교 때 외할아버지가 돌아가셨다.

그러던 어느 날.

혼자 자식들을 키우던 외할머니가 딸인 어머니에게 귀화를 권유했다.

"아무래도 취직을 하려면 귀화를 하는 게 좋겠다."

그때까지는 가족 모두 귀화를 하지 않고 살았었다.

어머니는 처음에는 반대했는데, 할머니에게 설득된 것인지 왠지 어머니는 귀화했다.

그 뒤, 그녀 어머니는 대학을 졸업하고 중학교에 정규 교원으로 취직되었다. 그리고 선생 일을 하는 중에, 일본인 아버지와 만나 결혼했다.

그녀 어머니는 결혼하고 최 씨를 낳아 사는 동안 딸에게 자신이 귀화 조선인이라고 말할 기회는 많지 않았다. 그녀가 돌이켜 보면, 어머니는 이웃에도 본인이 재일이라고 한 번도 말하지 않고 살았다.

그러나 그녀 어머니가 딸인 최 씨에게까지 재일의 뿌리를 완전히 숨기고 산 건 아니었다.

"난 귀화한 조선인이다."

그녀 어머니는 때때로 자신이 조선인이라는 걸 딸에게 말해주었고, 따라서 그녀는 어머니가 귀화한 사람이라는 건 알고 있었다.

그런데 그녀는 어릴 적에는 줄곧 그 말을 깊이 듣지 않았다.

학창시절, 최 씨는 동네에서나 학교에서 재일과 만날 기회가 없었고 또 만날 의향도 전연 없었다.

어머니가 자신은 조선인이라고 말했지만, 그 말이 무엇을 뜻하는지, 무슨 의미인지 또 자신에게는 어떤 의미인지 전혀 생각하지 않았다. 한 귀로 듣고 한 귀로 흘려버린 것이다.

최 씨는 스스로 재일(더블)이라고 전연 인식하지 않았고, 일본인으로만 생각하고 살았다.

그러므로 그녀는 자신의 엄마가 재일이고, 자신은 더블이라는 걸 친구들에게 말한 적이 한 번도 없었다.

그녀는 대학교 때까지 친구 중에서 자신이 더블이라는 것을 아무도 몰랐을 것이라고 말했다.

학창 시절 내내, 그녀는 어머니가 조선인이라고 가끔 말해주었지만, 어머니 출신과 자신의 뿌리를 줄곧 깊이 새겨듣지 않았고 전혀 의식하지 않고 살아온 것이다.

그런데, 대학원에 다니던 중.

한 수업에서 사회조사 과제가 있었다. 무슨 주제를 조사할까 생각하던 중에, 당시 한류가 유행하고 있어 재일에 관심을 두게 되었고, 조사차 인근에서 개최되는 축제에 갔다가 우연히 이곳 풍물패 사람들을 알게 되었다.

그때까지 자신을 일본사람으로만 생각하고 살아왔던 그녀는, 수업과제 때문에 우연히 축제에 구경 간 것이 계기가 되어 자신의 뿌리와 어머니의 출신을 처음으로 진지하게 생각하게 되었다.

그때부터 최 씨는 풍물패에서 풍물을 배우고, 일 년에 한 번 열리는 축제 날이면 사람들과 함께 공연도 하고 있다.

지금은 대학생들이 중심이 되어 활동하는 작은 단체의 대표도

맡아 일하고 있다.

그 뒤로 최 씨의 생각은 이전과는 많이 바뀌고 생활도 달라졌다.

단체에 들어가서 그곳에서 처음으로 조선의 역사를 배우고 또 한글도 난생처음 배우기 시작했고, 풍물과 무용 등 한국문화를 배우기 시작했다.

단체는 본래 대학생들의 모임이라 대학을 졸업하면 탈퇴해야 하는데, 그녀는 대학원생이므로 학생으로 인정하고 활동을 계속하고 있다. 최 씨가 몇 년째 단체 대표를 맡고 있는데, 일본 국적자가 대표를 한 경우는 지금까지 선례가 없던 일이라고 한다.

일본 국적자가 단체 대표를 맡기는 자신이 처음이라서, 힘들 때도 많지만 또 재미있다고 그녀는 웃으며 말했다.

과거 학창시절과 비교하여 그녀의 생활에서 달라진 점은 이 외에도 많다.

그중에서 스스로 돌이켜 볼 때, 가장 획기적으로 달라진 점은 바로 말을 거는 것이라고 한다.

학창시절, 자신이 재일이라고 생각하지 않을 때는, 재일에게 먼저 말을 건 적이 단 한 번도 없었다. 그런데 요즘은 자신이 먼저 재일이 있는 곳을 찾아가고, 또 재일에게 먼저 말을 걸기도 한다.

자신이 재일에게 먼저 말을 거는 게 자신에게 일어난 가장 큰 변화라는 것이다.

어머니가 귀화한 조선인이라는 말을 했지만, 그 말을 외면하고 재일에게 전혀 관심이 없었고 단 한 명도 사귀지 않았던 학창시절과 달리, 그녀는 요즘 이런저런 모임과 만남으로 일상생활에서 재일을 많이 만난다. 일상생활에서 재일을 많이 만나는 것 자체가 과거에는 상상할 수 없던 생활이다.

다만, 그녀가 생각하는 재일은 1세들이 생각했던 조선인 혹은 한국인 또 재일과는 다르다.

어쩌면, 난 일본에서 말하는 올바른 일본인도 아니고, 또 100% 피를 받은 완전한 재일도 아니에요.

더군다나 현재 한국이나 북한의 나라를 나의 모국이라고는 단한 번도 생각하지 않았다.

예전 재일 1세나 2세들처럼 반드시 모국이나 조국과 연관하여 자신을 규정하지 않고도, 그냥 일본에서 태어나 살아가는 일본 사회의 성원으로서 그러나 '완전한 일본인이 아니라 재일'로 살아가고 싶다고 그녀는 말했다.

내 어머니 뿌리가 조선이고, 난 어머니에서 기원하니까
재일인 어머니의 존재를 완전히 버리고 싶지 않아요.
그러니까 난 일본인만이 아니라 또 재일이에요.
하지만 난 일본 사회에서 말하는 완전한 일본인도 아니고,

재일 집단에서 말하는 재일과도 또 달라요.

난 일본 사회의 성원으로서 재일이에요. 재일은 그냥 재일일 뿐이에요.

한국이나 북한은 나와는 전연 관계없는 나라예요. 그 나라들과 관계없이도, 그 나라들과 직접 연이 없어도, 난 일본 사회에서 재일로 살아가고 싶어요.

어쩌면, 일본인이냐 조선인이냐의 이항대립 인식은 이미 적절성과 실효성을 잃은 낡은 구분이 된 것인지 모른다.

최재희 씨나 가네모토 씨나 이른바 피가 100%가 아닌 외관상으론 완전한 일본 젊은이들이, 자신이 재일에서 기원하는 일본인이라고 당당히 말하는 현실로 바뀌었다.

오히려 100% 조선인이었던 그의 부모 조부모 세대는 필사적으로 숨기고 감추던 사실을 말이다.

오랜 시간이 흐른 만큼 또 그만큼 변화한 사회만큼, 젊은 세대의 의식과 행동도 과거 세대와는 획기적으로 변모하고 있었다.

풍물패는 여러 국적과 다양한 피를 가진 젊은이들이 주축으로 활동을 하는데, 매주 한 번씩 모여서 풍물을 연습한다고 한다.

그리고 보면, 한국 전통 악기의 장단이라고 해서 어찌 그 신명과 흥까지 오로지 한국인의 것이라고 말할 수 있을까.

풍물은 한국 전통문화이되, 지금 시대에는 나라를 떠나서 그것을 향유하는 자의 것인지도 모른다.

신명 나는 장단과 가락과 흥은 국적을 떠나서 북을 두드리고 장구를 치며 즐기는 자의 것일 테니까 말이다.

빠르고 신나게 쿵쿵 북을 두드리는 일본의 젊은이들을 보고 있자니, 한국이나 일본이나 어느 사회나 그렇겠지만, 20대 젊은이들의 특권처럼 그들에게서 뿜어져 나오는 생동감 넘치는 활기와 더해져 장구 소리가 더 신명 나게 집 안에 울렸다.

일본적과 조선적과 한국적의 젊은이들이 또 일본인과 조선인과 한국인과 재일과 더블의, 다국적 다민족 젊은이들이 풍기는 풋풋한 열정이 집 안을 가득 메운 밤이었다.

06

나의 아버지는 일본인

제사 지내는 날

황선경 씨는 어머니가 재일이고 아버지는 일본사람이다.

내게 알려준 황선경은 재일 집단에서 사용하는 이름이고, 그녀의 본래 일본 이름의 성은 다나까이다.

재일인 어머니의 성이 황이다. 앞의 최재희 씨처럼 그녀도 어머니의 성인 황을 따서 자신이 만든 이름인데, 이 이름을 사용하기 시작한 건 고등학교 때부터였다.

황 씨의 어머니는 재일 2세로, 2남 2녀 중 셋째였다.

이 중 아들 두 명은 모두 재일 여성과 결혼했고, 딸 둘은 모두 일본 남자와 결혼했다.

하지만 그녀의 기억으로, 어머니 쪽 친척들 간에 큰 갈등이나 싸움은 없었다.

그녀의 큰 외삼촌은 빠칭코를 경영하여 크게 성공하였다. 황 씨의 아버지도 현재 외삼촌이 경영하는 빠칭코 지점 중 한 곳에서 지점장으로 일하고 있다.

황 씨의 아버지 고향은 효고현에 있는 시골이다.

그녀는 효고현 시골에 있는 할머니 집은 오봉 같은 큰 명절 때만 가곤 하는 정도였다.

어린 시절, 그녀는 아버지 쪽보다는 어머니 쪽 형제들인 외삼촌들과 더 많이 교류하며 지냈다. 어머니 쪽 가족 모임이 종종 있었고, 제사 지내는 날에는 가족들이 다 같이 모여 북적였다.

그녀가 어린 시절, 큰 외삼촌 집에서 제사를 지냈다.

제사 지내는 날.

그녀에게 이날은 어린 시절의 즐거웠던 추억으로 남아있다.

외삼촌 댁에서 제사가 있는 날에는 어머니와 아버지가 늘 함께 참석했는데, 그럴 때마다 황 씨도 꼭 데리고 갔다. 아버지는 일본사람인데도 어머니 쪽 가족 모임과 행사에 언제나 빠지지 않고 같이 참석했다.

이날이면 친척 어른들이 모두 모였고, 어른들은 여러 가지 조선음식을 만들었다. 사람들이 북적이고 떠들고 웃으며 음식을 만들고, 다 같이 모여서 이야기 나누는 게 매우 신났었다.

이날은 또래의 사촌 형제들도 모두 만났는데, 형제들과 만나 같이 이야기하고 맛있는 음식을 먹고 놀던 즐거운 날이 바로 제사 지내는 날이었다.

황 씨 외삼촌들은 모두 우리 학교에 다녔고, 사촌들도 우리 학교에 다녔다.

황 씨만이 아버지가 일본사람이라서 그런지 일본학교에 다녔다.

하지만 아주 어린 시절부터 가족 모임에서 사촌들을 만나고 교류하며 지냈기 때문에, 어머니 쪽 가족이 재일인 건 자연스럽게 알았다.

"너는 하프야."

그녀 어머니도 어릴 때부터 말해주었다.

황 씨는 친구들에게도 기회가 되면 숨기지 않고, 언제나 '난 하프야'라고 말했다(half: 지금은 혼혈을 더블(double)로 부르지만, 예전에는 반의 의미인 하프로 불렀다).

그녀가 하프라고 고백하여, 이 때문에 소학교나 중학교 때까지 친구들에게 이지메를 당하거나 차별적인 말을 들은 적은 한 번도 없었다.

그러나 막상 동네에서나 학교에서 재일 친구를 사귈 기회는 많지 않았다. 어머니 쪽 가족과 만나는 기회 말고는, 황 씨의 주위 모든 환경은 일본인뿐이었다.

"너는 하프지만, 그래도 넌 일본인이야."

한편, 그녀 어머니는 늘 단서를 달아 말했다.

그녀도 자신이 혼혈인 건 어릴 때부터 알고 있었지만, 일본인으로만 생각했다. 하프인 자신의 존재를 '좋은 것으로도 그렇다고 나쁜 것으로도' 특별히 의식하지 않았고, 일본 사람으로 생각하고 다른 고민이 없었다.

일본인이며 조선인입니다

고등학교 1학년 때.

사촌의 권유로, 한 단체의 학생회에서 주최하는 여름 캠프에 처음으로 가게 되었다.

그곳에서 사촌들 말고 재일 친구를 처음으로 사귀게 되었고, 거기서 같은 또래의 재일 친구들이 겪는 문제를 처음으로 들어 알게 되었다.

하지만 당시는 이름이나 이지메의 문제를 듣고, '재일 친구들에게 이런 문제들이 있구나' 얼핏 아는 정도였고, 그 이상 생각하거나 고민하지 않았다.

친구들에게 들었던 이름, 국적, 결혼, 이지메 등의 문제가 바로 내 문제라고 인식하기 시작한 건, 다음 해였다.

고등학교 2학년 때.

그해도 여름 캠프를 다녀온 뒤, 그녀는 자신의 존재와 관련된 여러 가지 문제를 처음으로 진지하게 고민하기 시작했다.

다나까인 자신의 이름에서부터 국적과 우리말이 우선 고민이었다.

요즘은 재일 단체에 더블이 많이 있지만, 당시만 해도 단체 학생회에서 더블은 그녀밖에 없었다. 따라서 같이 고민을 나눌 친구도 없어, 주로 혼자서 '어떤 사람으로 살아야 할까'를 고민했다.

그녀는 그때부터 학생들이 활동하는 문화 동아리에 참가했다. 연극과 풍물, 무용을 거기서 배우고 공연 연습을 했다. 같이 연습하는 사람들과 그녀의 고민에 대해서도 토의를 했다.

그녀는 지금 일을 하면서 아마추어 극단의 단원으로 연극을 병행하고 있는데, 연극을 처음 시작하게 된 것이 이때부터였다.

그녀가 일본인과 조선인의 피를 모두 물려받은 자신의 존재에 대해서 깊이 의식하기 시작하면서, 가장 먼저 고민되는 건 이름이었다.

보통의 재일 친구들과 다르게 그녀는 일본인과 조선인의 부모를 모두 두었으니, 어느 쪽의 성을 사용하는지도 심각한 고민거리였다. 둘 중 하나를 선택하는 건, 마치 어머니와 아버지 둘 중에서 하나만 선택하는 것처럼 여겨졌다.

지금처럼 다나까로 계속 살게 되면 어머니를 배반하는 것이 되고, 그렇다고 황으로 바꾸면 아버지를 배반하는 게 되니까요.
또, 지금까지 일본의 역사와 뉴스라든가 일본 사회 속에서 살아왔고, 반면 조선 한국에 대해서는 아는 게 전연 없었기 때문에, 불균형한 지식을 갖고 있는 상황에서 하나를 선택하는 건 매우 어려웠어요.

결국, 그녀는 그때까지처럼 일본인으로만 살고 싶지 않았고, 고민 끝에 자신을 '두 개의 이름을 다 가진 더블'로 정리하였다.

더블로 정리하고 나니, 그녀는 또 다른 자신의 반쪽 존재인 조선에 대해서도 배우고 알아야겠다고 생각했다.

그래서 그녀는 그때부터 우리말을 배우고 조선의 역사와 문화를 배우기 시작했는데, 그건 지금까지 알지 못했던 다른 한쪽의 자신에 대해서 알아가는 과정이었다고 말했다.

나는 더블이니까, 내게는 일본의 피도 조선의 피도 두 개 있으니까요.
그러니까 당연히 조선말도 내가 알아야 할 말이라고 생각했어요. 그때부터 한국말을 공부하기 시작했어요.

이때 그녀가 만든 이름이 황선경이다.

그러니까 그녀가 내게 소개한 황선경은, 자신의 정체성에 대해서 깊이 고민하고 숙고하여 다다른 그녀 자신의 결론이었던 셈이다.

그때부터, 그녀는 자신의 본명인 다나까의 일본 이름 말고 어머니의 성을 따서 만든 한국 이름이 하나 더 생기게 되면서, 더블에 어울리게 이름도 일본 것과 한국 것까지 두 개를 갖게 된 셈이다.

"난 일본인이며 또 조선인입니다."
누가 물으면, 지금은 망설임 없이 분명하게 대답한다고 한다.

나를 일본인으로만 규정하고 살아가고 싶지 않아요.

여러 사람을 만나고 조선 역사와 한글 등을 배우면서, 나 자신이 매우 행운이라고 생각했어요.

나에겐 일본적인 것도 있고 또 조선적인 것까지 두 배를 갖고 있으니까요. 이런 내 자신이 대단히 행운이라고 느꼈어요.

이러한 좋은 기분을 다른 사람에게도 알려주고 싶어요.

더블인 사람들 대부분은 일본에서 태어나 살아가니까 당연히 스스로 일본인으로만 생각하지만, 나는 나 자신이 더블인 게 즐겁고 좋아요.

더블이라서 두 배니까, 여러 가지 배울 수 있는 장점이 있는 게 기뻐요.

그녀는 더블인 자신을 '매우 행운'이라고 생각하고, 그런 자신이 '즐겁고 좋다'고 말했다.

두 개의 말과 사람들 그리고 두 개의 역사와 문화를 모두 내 것으로 할 수 있으니까 여러 가지 새로운 것을 배울 수 있는 것이 즐겁고, 이러한 경험이 자신에게 대단히 긍정적으로 작용한다고 말하는 그녀의 표정이 시종 밝고도 진지하다.

더블은 반이 아니라 두 배

  황선경 씨는 고등학교를 졸업하고 지금까지 연극 활동을 계속해
왔다.

  대학 졸업 후, 직장을 다니는 지금은 퇴근한 밤이나 주말에 모여
서 연습을 한다.

  "너는 일본인이야."

  처음에 연극을 할 당시, 아버지는 별다른 말이 없었는데 오히려
어머니가 강하게 반대했다.

  어머니는 재일 극단에서 문화 활동을 하는 걸 대단히 꺼리고 싫
어했다.

  "넌 일본인으로 살아가야 해."

  그래도 그녀는 굴하지 않고 재일 극단에서 연극을 계속했다.

  그런데 얼마 뒤부터, 아버지와 어머니까지 모두 호의적으로 바뀌
어서, 지금은 두 분 다 적극적으로 도움을 주고 있다고 한다. 연극
공연에 필요한 소품을 사주거나 직접 돈을 지원하기도 한다. 또,
공연이 있는 날은 두 분이 공연을 보러 오기도 한다.

  "전 연극이 좋아요."

  그녀는 앞으로도 더블인 자신이 일본에서 당당히 살아가기 위해
재일의 문화 활동을 계속할 생각이다.

  일본에 관한 것은 지금까지 배워왔고 일본 사회 속에서 살아왔
으니, 앞으로는 그동안 자신이 몰랐던 조선의 지식을 배우고 문화

를 경험하며 살고 싶기 때문이다.

　그래서 그녀는 결혼도 재일 남성과 하고 싶다고 웃으며 말했다.
　그녀 언니는 일본 남자와 결혼하여 살고 있는데, 스스로 조선인 인식이 전혀 없이 일본인으로만 생각하며 살고 있다.
　그러나 그녀는 언니와 다르게 앞으로도 계속 일본인만이 아니라 재일로도 살고 싶다고 말했다.

　　일본사람과 결혼하면, 지금까지 내가 느낀 재일로서의 감
　　정이나, 더블로서의 자랑이나 즐거움이 점점 엷어질 것
　　같아 싫어요.
　　그렇게 몇십 년이 지나 나이가 들면, 재일의 인식이 희미
　　해져서 내 안에 있는 조선적인 것들은 모두 사라져 버릴
　　테니까요. 그게 싫고, 그렇게 일본사람으로만 사는 건 내
　　게도 손해가 될 것 같아요.
　　앞으로도 난 한국 이름으로 당당히 일본에서 살아가고 싶
　　어요.

　그녀가 고등학교 때인 10여 년 전.
　그때만 해도 황 씨와 같이 일본인과 조선인 사이에 태어난 자녀를 하프라고 불렀고, 더블이라는 말은 거의 사용하지 않았다.
　하프는 半의 의미이기 때문에, 어감상 무언가 부족하고 완전하지

않은 부정적인 인상이 있다.

반면에 요즘은 더블이라는 말을 쓰지 하프의 표현은 듣기 힘들다. 더블은 두 배의 의미이기 때문에 하프보다 긍정적이고 풍부한 어감이다.

그녀는 정말로 자신은 삶의 경험과 시야를 두 배로 넓힐 수 있어 좋다고 말했다. 더블인 자신은 완전한 일본인이나 완전한 재일 친구들보다 두 배로 삶을 살고 두 배로 시야를 넓힐 수 있는 장점이 있다는 것이다.

그녀는 그래서 앞으로도 지금 이대로 일본인과 조선인의 두 개를 다 간직하고 살아갈 생각이다.

자랑스럽고 즐거운 더블로서 말이다.

가해자인가, 피해자인가?

황선경 씨나 최재희 씨처럼, 조선인과 일본인 피가 반씩 섞인 사람들.

후세대로 이어지면서 1/2이 아니라 가네모토 씨처럼 1/4 그리고 가네모토 씨 딸처럼 1/8의 조선인 피가 섞인 사람들이 출생하고 있다.

이들은 부모에게 받은 피로 말한다면, 역사의 가해자이며 피해자이다. 또 차별자이면서 피차별자라고 말할 수 있을 것이다.

수적으로 보자면, 현재 일본에서 100년을 살아온 재일의 10명 중 9명이 일본인과 결혼하고 있다. 그러니까 재일끼리 결혼으로 태어나는 자녀보다 국제결혼으로 태어나는 사람이 훨씬 더 많은 게 현실인 것이다.

그렇다면, 국제결혼으로 태어나는 이들은 역사의 가해자인가? 아니면 피해자인가?

그들에게 '당신은 역사의 가해자이다'라고 말하면, 이 말에 동의할까?

그들에게 '당신은 피해자이다'라고 말하면, 이 말에는 동의할까?

아니면, 그들에게 '당신은 가해자이며 피해자이고 또 차별자이며 피차별자이다'라고 말하면, 이 말에는 동의할까?

과거에는 물론이고 매우 최근까지도 현실을 말한다면, 이런 경우 스스로 가해자 편에 서서 자연스레 주류 일본인으로 살아온 게 대체적인 분위기였다.

그런데 최근 과거로 말하자면 일본인 젊은이들 중에서 놀랍게도 스스로를 주류 일본인이 되기를 당당히 거부하는 이들이 있다.

오랫동안 재일 조선인 1세나 2세들이 필사적으로 되고 싶어 했고 철저하게 일본인의 가면을 쓰고 살아온 걸 비틀어 꼬집기라도 하듯이 말이다.

오히려 일본인의 피가 반이나 그 이상 섞인 사람들이, 거꾸로

‘난 일본인이면서 또 재일’이라고 외치는 젊은이들을 어떻게 이해해야 할까.

아무도 일부러는 들어가려고 하지 않는 피차별자 재일 집단에 일본인으로 태어난 젊은이들이 기꺼이 발을 들여놓는 건 매우 의아하다.

오랜 시간 동안, 일본 사회에서 조선인이라고 하면 열등하고 못나고 미개한, 한마디로 개돼지와 같은 온통 나쁜 이미지만 팽배했지 좋은 이미지는 없었다고 해도 과언이 아니다.

오죽하면, ‘조센진’은 조선인의 일본 발음일 뿐인데, 조선인을 일컫는 ‘조센진’의 말 자체가 조선인을 비하하고 혐오하고 조롱하는 욕처럼 사용되었을까.

그런데도 대단히 부정적이고 불리한 배경에도 아랑곳하지 않고, 어떻게 자발적으로 조선인의 기원을 인정할 수 있는가 말이다.

하물며 피도 완전하지 않은 젊은이들이고 우리말도 전혀 못 하거나 더듬더듬 말하는 정도인데 말이다.

그래서였을 것이다.

내가 보기엔 조선인에서 기원한다 한들 정작 본인들은 조선의 역사, 문화, 언어를 모르는 젊은이들이, 한마디로 일본서 나고 살아가는 외관상으로는 완전한 일본사람들이 본인의 일부를 재일로 규정한다는 말을 처음 들었을 때 난 뒤통수를 맞은 듯 놀라웠는데, 그러나 그건 그만큼 강렬하면서 또 그만큼 신선한 충격이었다.

좋든 나쁘든 자신의 뿌리를 사실 그대로 받아들이고 그러한 자신의 존재와 삶을 새롭게 재설정하는 젊은이들이 활기차고 멋졌다.

그건 내가 꼭 한국인이라서가 아니라, 어느 사회건 주류인의 차별과 멸시를 피하기 위해 차별자 주류인이 되려고만 애쓰는 게 대체적인 경향이기 때문이다.

반면에 이들은 가만히 있으면 자연스레 주류 일본인으로 살아갈 사람들인데, 실제로 대부분 사람이 그렇게 살아가는데 구태여 본인이 완전한 주류인이기를 거부하고 자신을 소수자로 규정하고 있었다.

이들은 자신이 물려받은 부정적이고 불리한 굴레에서 도망치려고 바둥거리지 않고 그것을 있는 그대로 자신의 것으로 받아들이고, 나아가서는 부정적으로 인식되던 요소를 오히려 유리한 것으로 역전시켜서 자신을 남보다 더 가진 존재로 더 다양하고 풍부한 존재로 인식하면서, 자신의 존재와 삶을 긍정적이고 창조적으로 재구축하려고 노력하는 사람들이었기 때문이다.

이 또한 어느 사회건 그렇겠지만, 태생적으로가 아니라 본인이 자발적으로 소수자가 되기를 더군다나 주류사회로부터 차별받는 소수자가 되기를 희망하는 사람은 없을 것이기 때문에, 자신이 물려받은 재일 '조센진'의 기원을 있는 그대로 인정하고 밖으로 표출하는 결단과 용기가 그들의 신체적인 젊음보다 더 아름다웠다.

"완전한 일본인도 아니고 완전한 재일도 아니에요."

가네모토 씨와 최재희 씨와 황선경 씨가 자신을 소개하며 공통

되게 한 말이다.

그렇다고 그 말이 과거처럼 일본인보다 무언가 부족하다거나 불완전한 존재로 인식하는 게 아니라, 두 가지 뿌리를 갖는 자신의 존재를 대부분 담담하고 긍정적으로 인정하는 인상이었다.

"일본인이면서 또 조선인이에요."

그들의 말을 달리 말하면, 이 말과 동의어가 될 테니 말이다.

피의 기준으로 볼 때, 더욱이 한국인의 시각에서 그들의 말은 당연지사처럼 들릴지도 모른다.

그러나 일본 사회의 특성을 고려할 때, 재일과 일본인 사이에 태어난 사람들이 자신을 재일이라고 인정하고 재일 집단 무리에 끼어서 함께 교류하는 지금의 상황은 과거와 비교하면 가히 상전벽해의 변화이다.

풍물패 전체 모임에 갔던 날.

저 사람은 할아버지가 조선인이고, 저 사람은 할머니가 조선인이고, 저 사람은 어머니가 일본인이고, 저 사람은 어머니가 조선인이고, 저 사람은 아버지가 일본인이고, 저 사람은 아버지가 조선인이고, 저 사람은 더블(1/2), 저 사람은 쿼터(1/4), 저 사람은 완전히 일본인이에요. 과거로 말한다면, 여기 풍물패에 오는 젊은이들은 재일 조선인만이 아니에요. 매우 다양해졌어요. 다양한 젊은이들이 함께 모여 한국 사물놀이를 배우는 풍물패예요.

애초 풍물패를 만들었고 지금도 아버지처럼 풍물패를 이끌고 있는 이건필 씨가 내게 사람들을 소개하며 한 말이다.

이제 섬나라에서 귀화자나 태어날 때부터 일본 국적자인 사람들이라고 해서, 그것이 재일 집단에서 배척되고 외면당하는 딱지는 아니다.

이제 적어도 흑백의 인식은 해체되었고, 이미 상당히 변화가 진행되면서 과거와 같은 이분적 도식은 분해되고 있는 게 현실이다.

그렇다면, 변화되는 현실에 맞추어 재일 조선인은 어떻게 살아갈까?

어쩌면, 내가 만난 젊은이들은 이미 새로운 삶의 가능성을 제시하고 실천하고 있던 것인지 모른다.

혼혈이나 일본 국적 같은 배제와 차별의 요인이었던 것들이, 황선경 씨처럼 개인에 따라서는 오히려 삶의 긍정적인 요소를 이중으로 배가시키는 풍부한 삶의 조건으로 역전할 수도 있으니 말이다.

얼핏 들으면 당연하고 쉬워 보이나, 분명 쉽지만은 않을 '半조센진' 청춘의 발걸음들이 뚜벅뚜벅 이어지기를 응원한다.

夢

제4장

———

꿈

07
___

나는 조선사람

집에 가기 싫다

60대의 송미순 씨는 일인 연극배우이다.

그녀가 어린 시절, 공사장에서 노동일을 하던 아버지가 크게 다쳐 쓰러졌다.

아버지가 쓰러지자 어머니가 집에서 몰래 막걸리를 만들어 팔거나, 일감을 받아다가 하는 온갖 부업을 하면서 생계를 꾸려갔다.

언니와 오빠들이 있는데, 송 씨를 포함해서 형제들 모두가 소학교 때부터 어머니가 집에서 하는 일을 도우면서 학교에 다녔다.

소학교 시절.

그래서 그녀는 학교가 끝나도 집에 돌아가는 게 즐겁기는커녕 집에 가기 싫은 날이 많았다.

'아, 집에 가기 싫다.'

집에 돌아가면 일해야 하니까 학교가 끝나면 '또 일해야 한다'는 생각만이 가득하였다.

어느 때부터, 언니 오빠들이 학교를 중퇴하고 엄마를 도와 모두 일을 했다.

그래도 그날그날 일해서 먹고사는 하루 품팔이의 생활을 면할 수 없었다.

그녀가 중학교 다닐 때, 병석에 있던 아버지가 이내 돌아가셨다.

의무교육 기간인 중학교를 졸업한 그녀는, 고등학교에 진학하고 싶었지만 가정형편이 여의치 않았다.

그녀는 진학을 포기하고 혼자 힘으로 간호사 공부를 하여 병원에 취직되어 수습 간호사로 일을 하기 시작했다.

그때, 그녀는 처음 가족과 떨어져 살게 되었는데, 집의 어머니에게 편지를 쓰고 싶어도 어머니가 일어를 읽을 줄 몰라서 편지를 쓸 수 없었다.

조선사람을 왜 숨겼어요?

병원에서 수습 간호사로 일할 때.

그녀는 중학교까지 모두 일본학교를 졸업하고, 지금 사용하는 송미순이 아니라 아키코의 일본 이름으로 살았다.

병원에 지원할 때도 당연히 조선인이라는 사실을 밝히지 않고 이력서에 일본인처럼 쓰고 병원에 들어갔고 재일을 숨기고 병원 생활을 했다.

그러던 어느 날.
"저 여자 조선사람이래."
병원에 다른 간호사가 서너 명 있었는데, 그들이 그녀가 조선인이란 걸 눈치채고 뒤에서 수군대는 걸 우연히 듣게 되었다.

내가 없는 곳에서, 내 뒤에서 나에 대해 사람들이 수군대
는 걸 안 뒤로 숨기고 있는 내가 너무너무 싫었어.
'모두 알고 있구나'라는 생각이 드니까, 감추고 사는 내가
정말 창피하고 싫었어요.

송 씨는 당시 어머니와 형부가 그녀를 보러 병원에 온 적이 있는데, 아마도 그 때문에 알게 되었을 거라고 말했다.
1세인 어머니와 역시 1세인 형부를 보고 알아챘을 거라는 것이다. 당시 조선에서 온 1세들은 본인이 굳이 말하지 않아도 외양과 말투를 보고 조선인인 걸 금방 알아보았다.
두 사람이 병원에 왔었고 두 사람 다 일본말이 서투니 분명 우리말을 사용했을 것이기 때문이란다.

며칠 뒤.

친했던 동료 간호사가 그녀의 방으로 찾아왔다.

"아키코 씨, 왜 조선사람을 숨겼어요?"

동료는 송 씨에게 따지듯이 물었다.

"여기서 일하는데, 내가 조선인인지 일본 사람인지 그건 상관없잖아요?"

송 씨는 순간 당황했지만 아무렇지 않은 척 대꾸했다.

그런데.

그때는 일본인 동료에게 당당한 척 말했지만, 사실은 그녀 스스로 숨기고 있는 자신이 정말 싫었다.

조선인인 걸 숨기고, 일본인으로 살아가는 게 나도 정말 싫었어. 싫었지만 자신이 없으니까, 내가 자존감이 없으니까 그냥 일본인인 척 살았어.

일본 사회는 조선사람한테 멸시와 차별하고 있었기 때문에, 난 매우 작아져 있었어. 그 때문에 어릴 때부터 난 내가 조선인이란 게 부끄럽고 늘 숨기고 싶은 마음이었어. 그러니까 내가 일본 사람이 아니라 조선인이라고 말할 자신이 없었어. 일본사람한테 당당히 말할 자신이 없었어요. 내 맘속에선 숨기는 내가 나도 정말 불편하고 싫었지만, 그땐 어쩔 수 없었어. 숨기는 나 자신이 정말 부끄럽고 싫었지만 어쩔 수 없었어요, 민족성이 없었으니까.

어린 시절.

그녀는 찢어지게 가난했고 재일이 차별받고 억압받는 건 주위 환경을 통해서 자연스럽게 알았다.

그런데 많은 조선인이 그랬던 것처럼, 그렇다고 왠지 일본인이 되고 싶다거나 일본으로 귀화하고 싶은 마음은 크게 없었다. 그러나 또 그렇다고 스스로 조선인이라는 자존감과 민족의식이 있던 것도 아니었다.

마음은 숨기고 싶지 않지만, 내가 민족성이 없고 자신이 없으니까, '나는 일본 사람이 아니야'라고 말할 수 없었어. 그때는, 내가 조선인인 게 부끄럽게 생각되었으니까, 조선인인 걸 늘 숨기고 감추려고만 했어요.

그녀는 조선인을 드러내는 것보다 숨기는 쪽이 일본 사회에서 살아가는 데 더 편하고 차별을 피할 수 있다고 생각했다.

숨기는 자신이 싫지만 '어쩔 수 없는 현실'이니까 도리가 없는 것으로 생각했다.

그런데.

그녀의 인생에 전환점이 된 건 스무 살 무렵이다.

바로, 일본병원을 그만두고 총련이 세운 공화병원으로 옮겨 근무하면서부터였다.

안심감을 준 우리병원

우리병원은 말 그대로 재일동포만 있는 병원이었다.

재일이 재일의 재정으로 재일 환자를 대상으로 운영하는 100% 재일 병원이었다.

그런데 우리병원에 들어간 송 씨가 할 줄 아는 우리말은, 기껏해야 '안녕하십니까, 송미순입니다'가 전부였다.

병원에 오는 환자들은 대개 조선인 1세들이었다. 1세들은 일본말을 거의 할 줄 몰랐기 때문에 자신의 아픈 상태를 우리말로 말했다.

그러나 우리말을 할 줄 몰랐던 송 씨는 할머니 할아버지들이 하는 우리말을 알아듣지 못해, 어디가 어떻게 아프다고 하는 건지 알수가 없었다. 당연히 서로 의사소통이 잘 되지가 않았다.

그때부터 송 씨는 우리말을 공부하기 시작했다.

그녀는 우리병원에서 동포들과 생활하면서 자연스럽게 우리말을 접했고, 또 병원에서 한국 음식을 맘 놓고 먹었다.

병원에 구내식당이 있어서 거기서 식사를 했는데, 늘 김치와 국밥과 비빔밥과 된장국과 같은 한국 음식이 나왔다.

그녀는 집이 아닌 밖에서 처음으로 '불안해하지 않고 한국 음식을 마음껏 편하게 먹을 수 있었다'고 말했다.

우리병원에서는 불안해하지 않고, 김치를 맘껏 편하게 먹을
수 있었어.

'옷에 김칫국이 묻지 않았나?' 이런 생각을 안 하고, 김치
냄새를 신경 쓰지 않고, 안심하고 한국 음식을 먹은 게 거
기가 처음이었어.

'김치 냄새가 나지 않을까?'

일본병원에 근무할 때는, 집에 들러서 어머니가 해준 김치와 한
국 음식을 먹고 병원으로 돌아가는 날조차도 무척 신경 쓰이고 불
안했다.

김치 냄새가 나면 조선인인 게 들통나기 때문이다.

그런데.

우리병원에서는 불안한 마음이 전혀 없이 편하게 김치를 먹을
수 있었고, 그런 병원의 분위기는 그녀에게 '커다란 안심감'을 주
었다.

일본병원에서 일할 때는, 집에서 한국 음식을 먹고 돌아
가는 날에도 김치 냄새가 날까 봐 무척 신경이 쓰였는데,
우리병원에선 마음 편하게 내 마음대로 먹을 수 있었어.
또, 모두 조선인 동포들만 상대하다 보니, 거기서 그때까
지 내가 한 번도 느끼지 못했던 크나큰 안도감을 받았어.
우리병원에서는 어쩐지 마음이 대단히 안심되었어요.

그녀는 26살까지 우리병원에서 일했는데, 앞으로는 조선인으로 살기로 마음먹었다.

일본인의 가면을 벗고 조선인의 진짜 얼굴로 살기로 마음먹은 그녀는, 가장 먼저 일본 이름 아키코를 버리고 자신의 원래 법적 이름인 조선적 여권에 있는 송미순을 찾아 사용하며 재일을 커밍아웃했다.

또, 가 갸 거 겨부터 한글을 공부하기 시작했고, 조선의 역사를 배우고 문화를 익히기 시작했다.

우리병원에서 처음으로 민족성을 가질 수 있었어.
그리고 민족성을 각성하는 게 인간에게 얼마나 중요한 것
이란 걸, 거기서 깨닫게 되었어요.
그래서, 그때까지 숨기고 감추며 살아온 게 싫어져서, 내
원래 출신대로 살자는 생각을 했어요.

재일이 가장 좋아

마흔 즈음.

우리병원을 퇴직하고 결혼하여 생활하던 중, 통신 고등학교에 입학했다. 수업에 직접 참여하는 게 아니라 집에서 라디오로 수업 듣고 공부하는 고등학교 과정이었다.

이때 통신 고교에 연극부가 있어서 연극부에 가입하여 연극 활동을 시작했다.

사실, 어릴 적 그녀의 꿈은 연극배우였다.

그녀는 어린 시절부터 연극과 음악을 좋아했다. 그러나 막상 배우거나 접할 기회가 없었는데, 이때 늦은 나이에 처음 연극을 배우기 시작한 것이다.

고등학교를 졸업하고는 대학에도 진학하여, 그녀는 형제 중에서 유일하게 대학 졸업자가 되었다.

대학 졸업 후.

극단에 가입하여 연극을 시작하여 3개 정도의 극단에서 연극 활동을 했다.

최근에는 그녀가 직접 만든 일인 창작극을 일본 전역에서 모두 50회 정도 공연을 했다.

내가 송미순 씨의 일인 연극을 본 건, 정식 연극무대가 아니라 자그마한 재일 연구회 자리에서였다.

그녀는 거기서 일본어를 읽지도 쓰지도 못했던 재일 1세인 그녀 어머니와 송 씨 본인의 이야기를 토대로 연극을 만든 것이라고 말했다.

어린 시절, 송미순 씨는 연극과 음악을 좋아하고 동경했다.

하지만 가난했던 시절, 재일이 무엇을 할 수 없던 그 시절에는 희망과 꿈을 지레 포기해야 했다.

실제로 당시 주위를 둘러봐도, '나도 저 여성처럼 되고 싶다', '저 여자 멋있다, 닮고 싶다'고 생각되는 본받고 싶은 여성은 없었다. 왜냐하면, 어머니와 언니와 친척들까지 아무리 둘러봐도 주위의 모든 조선인 여자는 먹고사는 것에 눈코 뜰 새 없이 바쁘기만 했다.

그러나 그녀는 요즘 연극을 마치고 관객들과 대화를 할 때, 젊은 사람들에게 꿈을 포기하지 말라고, 하고 싶은 희망을 포기하지 말라고 말한다고 한다.

그녀는 포기했었지만 말이다.

60대 중반에도 불구하고 열정을 갖고 연기하는 동력은 어디서 나오는 것일까.

연극은 그녀에게 무엇일까.

"연극은 자기표현이에요."

그녀의 대답은 명쾌하다.

예전, 조선인이란 걸 스스로 부끄럽게 여겨 숨기고 감추던 삶의 방식을 버리고, 재일의 역사와 문화를 알리는 수단이 지금 그녀에게 연극이라고 말했다.

일본인도 한국 사람도 북한 사람도 아니라 자신의 출신인 '재일이 가장 좋은', 자신의 존재인 재일을 표현하는 수단으로 말이다.

그녀에게 재일로 태어난 심경을 물으니, 의외로 그래도 '재일이 가장 좋다'고 말했다.

내 나라 한국에서 태어났다면 어떨까, 어떤 인생이었을까,
생각할 때가 있어.

어릴 때는 일본에서 태어난 것이 너무 싫었어. 하지만
지금은 조선인이지만 일본에서 재일로 태어난 게 좋아.
재일이라 여러 가지 배울 수 있고, 여러 가지 생각할 수
있어.

북도 남도 모두 내 나라라고 생각하고, 물론 일본도 좋아.
지금까지 일본에서 살아왔으니까 일본에서 생활하기 매우
수월하니까. 그래도 일본 사람의 사상이랄까 정신이 도무
지 좋아지지 않아. 일본인의 정신이랄까, 혼, 사상이 그게
좋지 않아.

그래서 난 귀화하여 일본 사람이 되고 싶지는 않고, 난 지
금 조선인이, 지금 재일이 가장 좋아.

나는 조선사람

송미순 씨 국적은 지금은 사라진 나라이며, 따라서 엄밀히는 無
국적자인 '조선' 국적이다.

그녀는 스무 살 이전까지 총련계든 민단계든 별다른 민족 단체
와 관계한 적도 없었고 줄곧 일본학교에 다녔지만, 조선 국적을
바꾸지 않고 지금까지 살고 있다.

아무래도 조선적은 무국적이기 때문에 일본 국적은 말할 것도

없거니와 대한민국 국적과 비교해도 여러 가지 불편하다.

지금이라도 조선적을 한국 국적으로 바꿀 의향이 없는지 물어보았을 때, 그녀는 다음과 같이 말했다.

일본은 '일본인이 되어라, 되어라' 말하는 사회잖아요? 일본인이 되라고 하는 동화정책을 강요하니까, 여기서 살아가려면 일본이 싫어도, 일본인이 되고 싶지 않아도 일본인이 되지 않으면 살아가기 힘든 사회예요.

나도 귀화하여 일본인이 되면 가장 간단하다는 걸 알지. 아니면 한국 국적으로 바꿔 한국인이 되면 간단하다는 걸 늘 알고 있지.

하지만 그러지 않고서도 나의 지금 조선적 그대로 한국에 갈 수 있게 되길 바래. 조선적의 조선은 갈라지기 전의 옛 조선이니까, 그래서 지금 북조선도 한국도 나의 나라니까, 조선적으로도 항상 한국에 갈 수 있으면 좋겠어.

한국 정부도 일본 정부도 점점 한국적으로 바꾸라고 말을 해요. 나한테 왜 한국 국적으로 바꾸지 않느냐고 많은 사람이 말하지만, 한국으로 바꿔버리면 북은 이제 버리는 것이 되죠. 한국은 매우 좋지만, 싫지 않지만, 가슴이 아파서 못 해.

나이 드니까 점점 한국의 엄마 아버지 고향에 가고 싶어. 항상 가고 싶어. 살고 싶은 곳은 한국의 고향이야.

그때 되면 조선적으로는 갈 수 없으니까 한국으로 바꿀지 모르지만, 아직은 여기서 조선적으로 살아가고 싶어.

난 갈라지기 전의 조선인 딸이기 때문에, 지금의 조선적 그대로를 갖고 일본에서 살아가고 싶어요.

본래 그녀의 부모가 건너온 나라인 하나의 조선사람으로 살아가고 싶은 그녀는, 북한에도 한국에도 모두 갔다 왔다.

북한에는 여행으로 3번 갔다 왔고, 한국에는 고향방문단으로 2번 갔다 왔다.

그녀는 경상도의 부모 고향에 가서 눈물이 났다고 말했다.

아버지와 어머니 쪽 친척과 조카들을 만났고, 할아버지 할머니 묘지에도 갔다. 일본에서 취직할 때 이력서에 본적을 기재한다. 이력서에 적던 아버지가 태어나 자란 조선의 동네를 직접 가보니, 부모의 기구한 생애가 생각나 원통한 기분도 들었다.

"우리말 못 해도, 나도 조선사람이에요."

그녀는 한국의 친척들에게 이렇게 말했다고 한다.

본래 둘로 나뉘기 전 조선에서 바다 건너온 1세를 부모로 둔 그녀.

그 후 분단된 두 나라를 모두 가본 그녀.

그녀는 평양에 갔을 때 거리에 걸린 한글 간판들을 보고 남과 북은 하나라는 걸 눈으로 실감하고 감동했고, 왠지 조선인으로서 자신도 생겼다고 말했다.

그리고 그녀도 어김없이, 내가 만난 거의 모든 사람에게서 들은 희망사항을 말했다.

"꼭 통일이 아니라도, 남과 북이 자유로운 교류가 있으면 정말 좋겠어."

그런 그녀에게 모국을 물으니, 양쪽 모두의 조선이라고 말했다.

나의 나라는 양쪽 다예요.

북도 남도 내 마음속에선 두 개가 아니에요, 갈라지지 않았어.

나처럼 생각하는 사람 많이 있어. 한국적이어도 조선적이 어도 심지어 일본으로 귀화한 사람도, 북도 남도 자신의 나라라고 생각하는 사람이 많이 있어. 일본으로 귀화한 사람 중에도 적지만 있어. 귀화해도 '나는 조선인이에요' 라고 말하는 사람이 있어요.

일본 사람이 나에게 나라를 물어보면, 난 언제나 양쪽 모 두라고 말해요. 북도 남도 조선이 내 나라라고.

송 씨의 말처럼 남과 북 모두를 제 나라로 생각하는 사람이 정확 하게 얼마나 많은지 추정할 수 없지만, 그녀 말고도 하나의 조선을 내 나라라고 말하는 사람은 실제로 종종 만났다.

그리고 그건, 국적과 연령대와 성별과 사상과 상관없이 그러 했다.

나의 나라는 조선

조선학교 초등학교 교장인 정호석 씨는 40대 후반의 재일 3세이다.

그의 할아버지와 아버지는 해방 전에 일본으로 건너와 살다가, 해방되고 고향인 제주도로 귀국했다. 그런데 곧바로 제주도에서 4·3 사건이 발생하면서, 다시 도항하여 일본으로 건너와 살게 되었다.

조선적인 정 씨는 초등학교부터 대학까지 모두 우리 학교를 졸업하고, 줄곧 교육 관련 일을 했다.

이유는 조금 다르지만, 그도 송미순 씨처럼 귀화하지 않겠다고 말했다.

> 난 대학까지 조선학교를 졸업하고 지금도 학교에 있지만, 나의 母語는 일어예요.
>
> 학교 안에서는 우리말로 말하지만, 교문 밖을 한 걸음 나서면 학생이나 교사나 일본어로 말을 해요. 가정에서도 모두 일본어로 말을 하죠.
>
> 사실, 일본에서 태어난 나 같은 재일 3세는 우리 학교에 다녔어도 일본어로 먼저 생각해요. 머릿속에서 일차적으로는 일본어로 생각하고, 그걸 동시 번역하며 우리말로 말하는 거죠.

난 밤에 잠잘 때도 일본어로 꿈을 꿔요. 꿈을 일본어로 꾸니까, 난 母語가 우리말이 아니라 일본어인 거죠.

그래서 이 땅에서 조선사람으로 살려면 우리말 교육이 대단히 중요해요. 일본 땅에서 살면서, 민족의 넋을 지키고 당당하게 살자는 게 조선학교 교육의 기본 방침이에요.

'말이 곧 민족이다, 말을 몰라서는 조선사람으로 못 산다'는 생각이에요. 말할 줄 모르면 통하지 않습니다.

귀화도 마찬가지예요. 모두 일본으로 바꾸면, 이 땅에 사는 조선인의 흔적은 사라질 거예요.

사실 정 씨만이 아니고, 해방 전 조선에서 건너간 1세대 말고 일본에서 태어난 2세대 이후 재일은 우리말이 母語가 아니다.

1세대가 사망한 뒤로 일본어 의존 경향은 점점 더 심화되고, 자연히 그와 반비례로 우리말을 구사하는 재일은 점점 더 감소해 왔다. 그러니까 재일에게 일어가 모어가 된 지는 오래된 일이다.

이미 진즉부터, 정 씨처럼 조선말을 우리말이라고 말하고 교육하는 사람조차 정작 우리말은 모어를 동시 번역하며 말하는 외국어가 된 것이다.

식민 종주국 일본 땅에서 구태여 조선인으로 살려고 애쓰는 재일 조선인의 상징을 꼽으라면 역사적으로 보나 문화적으로 보나 뭐니 뭐니 해도 조선학교일 텐데, 바로 그 우리 학교 교실에서 우리 학교 교사에게 이 말을 들어 더 모순되고 기막히게 들렸을까.

일어가 모어인 재일은, 모어의 나라를 제 나라로 삼고 모어의 사람을 제 민족으로 삼아 살아가면 더 쉽고 간단할 것인데 말이다.

정호석 씨 말고도 이 책에서 소개한 모든 이들은 당연히 우리말이 모어가 아니다.

모어는커녕, 대학까지 조선학교를 졸업한 3명 외에는(정호석 씨와 뒤에서 소개하는 권화정 씨와 문영수 씨), 성인이 되어 한국말을 처음 배웠거나 전혀 배우지 않은 사람들이다.

동서고금을 막론하고 민족을 규정하는 여러 요인 중에서 가장 기본요소는 단연 언어이다.

그러니까 송미순 씨와 정호석 씨와 또 여기서 소개한 13명은 민족과 언어가 반드시 일치하지 않는 예외적인 사람들인 것이다.

이것을 달리 생각하면, 이들이 스스로 선택한 조선인 이름표는 주류사회에 파묻혀 사라지지 않고 소수민족으로 살아가려는 사람들의 그만큼 더 필사적이고 처절한 노력과 싸움의 결과라고 해도 과언이 아닐 것이다.

모어를 외국어로 삼고 외국어를 우리말로 삼는 전도된 삶을 살아내려는 것이니까 말이다.

여하튼, 그는 송미순 씨보다 더 강하게 아니 아마도 내가 만난 사람 중에서 가장 완고하게 귀화를 반대했다.

자녀의 귀화나 일본인과의 결혼에 관해 의견을 물으면, '어쩔 수 없다'고 말하는 사람이 많다. 좋든 싫든 일본에서 영주하는 재일의 현실을 인정하는 것이다.

그에 비해서 정 씨는 웃으며 농담처럼 말했지만, 자식들과 인연을 끊겠다고 말했다.

> 난 귀화는 절대로 반대예요.
> 나중에 내 자식들이 만일, '아버지 나 일본사람 되고 싶어요' 그러면 난 집에서 쫓아낼 겁니다. 너 죽고 나 죽자 그러면서요.
> 난 딸 둘 아들 하나 있는데, 딸들과 아들이 일본으로 귀화한다고 하면, 절대 반대예요. 절대로요.
> 또, '일본사람하고 같이 산다?' 이것도 만분의 일도 결코 생각해 본 적도 없어요.
> 두 딸과 아들 중에 하나라도 일본 남자나 일본 여자를 결혼 상대로 데려오면, 절대로 반대예요. 그러면 난 자식과 인연을 끊을 겁니다.
> 너 죽고 나 죽자!

귀화자와 혼혈의 사람이 스스로 재일로 생각하는 사람들이 있는가 하면, 반면에 정 씨처럼 지금도 주류사회와는 절대로 화해할 수 없는 적대적인 인식을 안고 살아가는 사람이 있다.

일어가 모어이면서도 섬나라에서 굳이 외국어인 조선어를 우리말로 삼고 살아가려는 그 나름의 방편이리라.

하기야, 침략과 가해와 차별과 억압의 시간이 긴 만큼, 재일 조선인과 일본 주류사회와의 화해와 공생은 어쩌면 최근 나타나는 변화의 징후들에도 불구하고 앞으로도 오래 이어질 난제일지 모른다.

개인의 개별적인 삶과 지향과 비교해서 침략과 차별은 훨씬 더 깊고 무거운 역사와 사회의 문제이니까 말이다.

개인이 사회를 떠나 살 수 없으니 오로지 개인 지향의 삶이란 현실적으로는 존재하기 어려운 이념형의 구분이 되기 쉽고, 설령 화해와 공존을 논한다 한들 되레 역사와 현실을 간과한 도피로 비추어질 수도 있을 것이다.

이에 비해서 역사는 돌이킬 수 없는 엄중한 사실이고, 그건 피해자와 희생자가 존재하는 한 지난 과거가 아니라 지금도 진행 중인 현재의 문제일 테니까 말이다.

정 씨가 처음 교원을 꿈꾼 건 중학생 때였다.

그는 당시 '담임선생이 너무 좋아서, 나도 교사가 되고 싶다'고 생각했다고 한다. 아이들도 좋아해서 그때부터 교원을 희망했고, 그는 결국 꿈을 이뤄 학교에서 아이들을 가르치고 있다.

일본 정부는 조선학교를 정식학교로 인정하지 않는다. 따라서 일본 중앙정부는 조선학교에 일체의 재정을 지원하지 않기 때문에 점점 심각한 재정난에 직면하고 있다.

조선학교 교사의 월급은 일본 사립학교의 절반 정도에 그친다. 그마저도 조선학교 재정이 위기상황에 직면하면서, 학교에 따라서는 두 달 석 달 지급이 미루어지는 때도 있다고 한다.

"교육은 대를 잇는 중요한 일이니까, 내가 중요한 일을 한다고 생각하면 받는 돈은 적어도 느끼는 보람은 많죠. 단순한 돈벌이에 비하면 보람이 커요."

그는 섬나라에서 여러 가지 차별대우와 불이익을 받으면서도 우리 학교를 지켜가는 긍지를 의연하게 말했다.

그런 그에게 우리나라를 물으니, 함경도에서 제주도까지라고 말했다.

우리나라가 어디냐고 물으면, 나에게 우리나라는 한반도 전체예요. 함경도에서 고향인 제주도까지가 우리나라예요. 난 북의 재정을 지원받고 우리 학교에서 일하는 교원이지만, 조국은 북한이고, 모국은 한국이고, 우리나라는 한반도예요.

난 고등학교에서 근무할 때, 수학여행과 연수로 평양에 27번을 갔다 왔고, 한국은 고향방문단으로 딱 한 번 갔어요.

그때 제주와 서울에 갔는데, 참 좋았어요. 경치도 매우 아름답고 바다도 깨끗하고, 먹는 것도 다 맛있고. 서울의 종로와 인사동 거리를 갔는데 도쿄와 다를 바가 없이 똑같

아서, 여기가 내 나라구나 하는 생각이 들었어요. 전혀 낯
설지가 않았어요.

한국에는 갈 수만 있다면 얼마든지 가고 싶은 마음은 크
지만, 난 갈 수가 없어요. 가고 싶은 마음은 있고말고요.
제주도 고향에 가고 싶어요. 나중에 제주도에서 살고
싶은 마음도 있지만, 조선적이니까 또 조선학교 교원이
라, 난 갈 수가 없어요.

본래 재일의 기원이 된 조선의 망국.

그 후 분단된 두 개의 조선은 단절과 적대적인 관계가 70년 이
상 획기적인 진전이 없이 지금도 반복 재생산되고 있지만, 송미
순 씨와 정호석 씨는 머릿속으로 여전히 하나의 조선을 상상하고
있다.

과거 하나였던 조선을 말이다.

21세기 지금, 자신이 귀속하는 나라로 조선을 붙잡고 있는 그녀
가 또 그가, 지금 현재와 미래를 살아가기 위해 조선을 자신의 뿌
리로 박아 놓고 있는 그녀와 그가 얼핏 매우 시대착오적으로 보일
지도 모른다.

그런데 정말 그렇기만 할까.

만일, 그녀의 바람대로 현실 정치와 국제적인 관계가 개선되어
다시 하나 되는 한반도를 생각한다면, 그들의 뿌리인 조선은 단지
오래되고 치욕스러운 과거를 상징하는 게 아니라 오히려 거꾸로

자유롭고 열린 미래지향의 기호로 탈바꿈할 수 있지 않을까.

지금은 無국적인 그녀와 그의 조선적이 진정 합법적 국가의 조선 국적자로 되는 날이 오면 말이다.

08

난 재일이 좋아요

내 인생 이것 같다

　권화정 씨는 아마추어 재일 극단을 운영하는 대표이다.

　중학교 2학년 때.

　그녀는 연극을 처음 보게 되었는데, 그 순간 '나도 연기하고 살아야지' 하고 마음먹었다고 한다.

　당시 한 재일 극단이 '떠돌이의 모험' 공연을 오사카에서 했는데, 그것을 보러 간 것이 계기였다. 그녀는 연극 공연을 보면서 큰 충격을 받았고, 거기서 '앞으로 내 인생 연기를 하며 살고 싶다'고 장래 꿈을 정했다.

　그날 이후, 겨우 중학생이었던 권 씨는 연극을 배우고 싶어서 극단을 찾아갔다.

　사정사정하여 극단에서 의상을 재봉하는 일과 같은 잔심부름을 하게 되었는데, 연기를 제대로 배우지 못했어도 심부름을 하면서 배우들의 연기를 보는 즐거움이 컸다.

다음 해.

당시 우리 학교에서 구연대회가 해마다 열렸는데, 권 씨가 구연 대회에 나갔다가 극단의 배우를 다시 만났고 그 뒤 한동안 극단 사람과 연락하며 인연을 맺었다.

그 후.

고등학교와 대학에 가서도 그녀는 줄곧 연극 동아리에 가입하여 연극을 했다.

그러나 대학을 졸업하고부터는 연극으로는 아무래도 생계가 어려웠다. 또 조선 대학을 나온 권 씨는 다른 졸업생들과 마찬가지로 직장을 배정받아 일했는데, 그녀는 단체의 전임으로 배정받아 직장 생활을 시작했다.

직장 생활을 하면서부터 자연스레 연기 활동은 중단되었다.

그러던 중.

남편을 만나 결혼할 즈음, 예전 알고 지내던 극단 배우가 함께 연기하자는 연락을 해 왔다.

그녀는 다시 연극을 시작했다.

죽을 때까지 연극을

처음에는 단체의 전임으로 일하면서 연극을 겸하는 것이기 때문에 고되고 빡빡한 일정이었다.

그러나 몸은 힘들어도 연극을 다시 하게 된 건 그녀에게는 퍽 즐겁고 의미 있는 일이었다.

따라서 직장 일과 좋아하는 연극 사이에서 고민이 늘 있었는데, 그러던 중에 그녀가 7년간 활동하던 극단이 분위기가 어수선하더니 끝내 해체되고 말았다.

극단이 해체된 뒤, 그녀는 독립하여 일인 연극을 시작했다.

그런데 단체의 일은 일 년 365일 중 휴가가 단 며칠이 되지 않는 매우 바쁜 일정이었다. 그러니 도무지 일과 연극 두 가지를 병행하기는 무리였다.

얼마 뒤.

권 씨는 직장에는 미안한 마음이지만 생계였던 직장생활을 어쩔 수 없이 그만두었다.

그 후 지금까지 그녀는 연극만 하고 있다.

극단이 해체되고 일인 연극을 하던 중.

'다시 연극을 만들어보자'는 마음이 생겨서, 극단에서 일했던 몇몇 배우들과 의기투합하여 현재의 극단을 만들었다.

그 후로 지금까지 시간제 일을 하면서 극단을 운영하는 일에

전념하고 있다.

연극은 수익이 되지 않기 때문에, 권 씨를 비롯한 배우들은 모두 전문 직업 배우들이 아니라 직장을 다니며 연극을 하는 아마추어 배우들이다.

주로 재일 3세가 주축이 된 20~30대 젊은이들인데, 각자 직장 생활을 하면서 짬을 내어 연극을 연습하고 공연을 한다. 앞의 황선경 씨가 이 극단에서 권 씨와 함께 연극을 하고 있다.

재일 극단이라고는 하나 배우들의 국적과 피는 다양하다.

권 씨같이 부모가 모두 재일이고 대학까지 줄곧 우리 학교를 나온 3세가 있는가 하면, 황선경 씨처럼 재일과 일본인 사이에서 출생한 더블도 있고 완전히 일본인도 있다.

국적도 권 씨는 한국 국적이지만, 그 외 조선적도 있고 일본 국적자도 있다.

재일의 역사와 문제에 공감하고 뜻을 같이하는 사람들이면 누구나 단원으로 같이 연기를 하고 있다고 한다.

그녀에게 연극이 무엇인지 물었다.

연기는 내 인생 같아요.

하면 할수록 힘들고, 작품이 사람에게 미치는 영향이 커서 책임감도 점점 커지지만, 그렇지만 연극은 죽을 때까지 하고 싶어요.

누가 나에게서 연극을 빼앗는다면 폐인이 될 것 같아요.

왜 그렇게 일본말을 잘해요?

"조센진, 조선으로 돌아가!"

30대 중반의 권 씨는 젊은 세대임에도 불구하고 학교나 동네에서 일본인으로부터 '조센진', '조선으로 돌아가' 따위의 말을 이따금 듣고 자랐다.

재일은 외국인등록증에 손가락의 지문을 찍어야 한다.

고등학생 때.

외국인등록증을 만들 당시, 조선인을 범죄자로 취급하는 일본의 태도에 분노하여 권 씨가 지문을 없앨 양으로 칼로 자신의 손가락 지문을 긁어 손에 상처를 냈던 적이 있다.

또, 조선학교 여학생들은 까만 치마저고리를 입고 등교하기 때문에 시각적으로 조선인 학생인 걸 금방 알 수 있다. 따라서 과거 우리 학교 여학생들이 조선인을 혐오하는 극단적인 일본인들의 분풀이 대상이나 폭력의 표적이 되곤 했다.

권 씨의 친구들도 전철역에서 일본인 남성에게 맞아 팔과 다리 뼈가 부러지는 큰 상처를 입은 적이 있다.

"그때 부러진 뼈는 다시 아물겠지만, 마음에 새겨진 상처는 쉽게 치료되기 힘들죠."

그녀의 말처럼, 권 씨는 치료하기 쉽지 않은 여러 지워지지 않는 경험을 겪으며 학창시절을 보냈다.

그런데도 왜 일본에서 나고 자라 일본인처럼 보이는 조선인 후손들이 여전히 자신을 조선인으로 규정하고 살아갈까.

그녀에게 조선인은 어떤 의미일까.

> 요즘은 한류의 영향으로 한국 배우들에게 엄청나게 열광하
> 고 좋아하면서도, 막상 옆에서 사는 자이니치는 있는 줄도
> 몰라요. 일본 사람이 자이니치에 대해서 관심이 없어요.
> 우리랑 처음 만나면, 내가 일본말을 하니까, '왜 그렇게
> 일본말을 잘해요?'라고 물어요.
> 우리가 조선인이라고 말하니까, 당연히 한국에서 온 사람인 줄
> 아는 거죠.
> '한국 사람이 일본말을 상당히 잘하네요'라고 말해요.

그녀는 자신과 같은 3세대가 일본 사회에서 조선인으로 살아가
는 것 자체가 매우 어렵다고 말했다.

요즘 일본 사람은 한국은 잘 알고 한국 배우들은 좋아하면서, 옆
에서 100년을 같이 살아온 자신들 재일은 잘 모른다고 말이다.

오죽하면, 일본 사회에서 지금까지 재일을 규정하는 대표적인 말
이 '보이지 않는 존재'란 말일까.

> 2세는 자기 모습을 일본 사람으로 바꿀 수 있었어요. 2세
> 는 너무 힘든 1세를 보고 일본 사람으로 되자는 판단도
> 했고, 또 부모인 1세는 자기 아이들을 일본 사람처럼 키우

는 게 행복하다고 하는 사람도 많았잖아요?

2세들은 제가 일본인으로 살자고 선택했기 때문에, 좋아도 나빠도 제가 선택한 인생이지요.

2세 부모들은 우리에게 '이제 우리는 일본 사람이다, 이젠 일본 사람으로 살아라'라고 말해요.

그런데 그렇게 살려고 해도, 왠지 일본 사람으로 살 수 없는 게 있어요.

여기서 태어난 우리는 힘들게 제 겉모습을 바꾸지 않으면 조선사람으로 살지 못하는 팔자예요. 그냥 사는 대로 살면 일본인이 되어버리니까요. 3세인 우리들은 가만있으면 모두가 우리를 일본인으로 알아요.

그러니까 내가 조선인으로 살려면, 거꾸로 내 겉모습을 힘들게 바꾸어야만 조선사람이 돼요. 그냥 가만히 있으면 저절로 일본인이 되어버리니까요.

참 힘들다는 생각이 들어요.

그런데 그녀는 그러면서도 '일본 사람으로 살 수 없는 게 있다'고 말했다.

부모 세대가 '이제 우린 일본 사람이다'라고 말해도, 그렇게 살 수 없는 무언가가 있다고 말이다.

그래서 그녀는 겉으로는 완전히 일본인으로 보이니까 힘들게 겉모습을 바꿔야만 조선인이 되는 힘겨운 일임에도 불구하고, 조선인으로 살 수밖에 없는 게 3세인 자신의 팔자라고 말했다.

재일이 좋아요

자신의 진짜 얼굴을 드러내며 사는 게 '참 힘들다'고 말한 권 씨는, 그러면서도 또 '다시 태어나도 재일로 태어나고 싶다'고 말했다.

다시 태어난다면 어디가 좋으냐고 물으면, 난 그래도 또 재일로 태어나고 싶어요.

왠지 모르겠어요. 우리 같은 사람들 재일동포 중에서도 10%도 안 되겠지만, 이렇게 힘든 조건에서도 긍지를 갖고 사는 게 행복한 것 같아요. 가능하다면, 일 년을 쪼개서 반년은 제주에서 살고, 반년은 할 수 없이 일본에서 돈이나 벌고 이렇게 살고 싶어요.

우리들이 제주나 부산에서 공연하고 조금이라도 영향을 주거나, 우리라도 뭔가 보탬을 줄 수 있는 일이 있구나, 자기 활동에 대한 긍지와 자부심이 생기거나, 이역에 사는 사람으로서 역할이 크다는 생각이 들면, 재일인 내가 행복해요.

여기 일본에서 재일로 태어난 내 삶이 좋아요.

난 북조선과 한국 두 나라 모두 자랑스럽고 자부심이 커요. 이렇게 생각할 수 있는 나의 위치, 재일의 자유로운 삶이 좋아요.

역사적으로 조선의 망국으로 생겨난 재일은 현실적으로는 한국과 북한과 일본의 세 나라 틈새에 끼인 경계인이다.

우리 학교에 다닌 그녀는 북한에 두 번 갔다 왔다. 초등학교 때 실습으로 평양에 갔다 왔고, 고3 때는 신의주로 수학여행을 갔다.

권 씨처럼 재일은 일본과 한국과 북한의 세 나라에 걸쳐진 사람들로 한국 사람이면서 북조선 사람이면서 일본 사람이라고 말할 수 있지만, 또 이 말을 달리 말하면 그들은 한국인도 아니고 북조선인도 아니고 일본인도 아니라고 말할 수 있을 것이다.

하지만 그녀는 이 중 한 나라에 온전히 귀속된 사람들보다, 그러니까 완전한 일본 사람보다 한국 사람보다 북한 사람보다 더 넓은 시야를 가질 수 있고 자유로운 세계인적 삶을 살 수 있는 게 바로 재일의 장점이고, 그래서 자신은 '재일이 좋다'고 낮은 어조로 분명하게 말했다.

그녀의 국적은 한국이다.

법적으로 말한다면, 그녀는 대한민국 여권을 갖고 있는 한국인인 것이다.

하지만 권 씨는 자신을 법적 소속 국가인 한국의 국민으로 생각하지 않았다. 그녀에게 여권은 자신이 선택한 게 아니라 부모에게 물려받은 것이고, 편의상의 종이일 뿐이다.

나의 국적은 한국이지만, 한국은 아주 좋아하는 나라지만,

조국은 내가 공부한 북조선이에요.

우리 3세에게 있어 국적은, 내가 선택한 게 아니라 부모가 물려준 것이에요. 태어난 나라를 선택할 수 없듯이 말이에요. 그냥 서류를 보니까 한국이었고, 서류를 보니까 조선이었던 거지요.

요즘은 우리 학교 학생 중에도 일본 국적자도 있고, 피가 반인 학생도 있어요. 이제 국적으로 재일 조선인을 판단할 수 없는 시대예요.

그러니까 머릿속하고 서류가 일치가 안 되는 거지요. 행여 머릿속이 **빨간색**이라고 해도, 굳이 여권까지 **빨간색**으로 할 필요는 없어요. 그런 문제도 아니고 또 서류는 그리 중요한 문제도 아니에요.

여권은 저한테는 종이일 뿐이에요.

권 씨의 법적 귀속국가는 한국이지만, 그녀가 심리적으로 귀속시키는 나라는 다르다.

앞서 송미순 씨처럼, 그녀도 북한을 포함하는 조선 전체를 자신의 모국으로 생각하고 또 두 나라 모두에 애정을 표현했다.

네 나라는 어디입니까? 물으면, 남북 다 합쳐서 그러니까 북조선하고 대한민국을 합친 조선이 내 나라라고 대답해요.

조국이라고 하면 나를 키워준 공화국의 느낌이 크지만,

그렇다고 북조선이 내 나라는 절대 아니에요. 두 나라 중 어느 한쪽이 내 나라가 아니에요.

그럼, 너는 대한민국 국민입니까? 하면 이것도 절대 아니에요.

난 대한민국 국적으로 한국 여권을 갖고 있지만, 일본에서 태어나 사는 난 한국 땅에 사는 한국 국민과 전혀 달라요. 그러니까 난 한국 사람이 될 수 없어요.

난 한국인도 아니고 북조선 사람도 아니고 일본인도 아니라, 한국 국적의 재일이에요. 난 이런 재일이 좋아요.

권 씨는 경계인 재일의 위치를 어디에도 속하지 못하는 절망적이고 나쁜 쪽으로 인식하는 게 아니라, 어느 쪽도 모두 포함되는 긍정적인 방향으로 생각하고 실천하고 있었다.

즉, 한국도 북한도 일본도 모두 다 포함하면서도 또 어느 한쪽에만 온전히 귀속되지 않는 재일의 경계인 위치 그대로를 담담히 인정했고, 그러한 재일만이 가질 수 있는 넓고 자유로운 세계관과 삶의 경험을 충분히 인식하고 즐기고 있었다.

'조선'을 상상하는 사람들

사실, 분단된 두 개의 조선 중에서 하나의 나라만 자신의 모국으로 생각하지 않고, 남과 북 두 나라 모두에 애정을 갖는 사람들은 권 씨 외에도 종종 만났다.

앞서 송미순 씨와 정호석 씨도 그랬고, 또 아래의 40대 남성 문영수 씨 이야기도 그렇다.

당신 모국이 어디입니까? 물으면, 복잡해요.

원래 정든 거는 북한이지. 왜냐하면, 북한 때문에 공부할 수 있었고 오늘날 내가 있으니까. 그런데 내 부모가 나서 자란 한국의 경상도도 버릴 수 없어. 그러니 양쪽 다 내 고향이야.

내 고향은 한국이고 정든 건 북조선인데, 둘 중 하나만 선택하라고 하면 이게 불가능하지 않겠소?

한국 사람들은 우리에게 하나만 선택하라고 말하는데, 한국인가 아니면 북한인가 둘 중에서 하나만 선택하라고 말하면, 우리는 자기 존재 자체를 부정하는 게 돼요. 식민지 조선에서 건너온 조선인 2세 3세로 살아 있다는 우리 존재 자체를 말이에요. 그러니 하나만 선택할 수 없어.

고국은 한국의 경상도, 조국은 공화국 그리고 나의 모국은 조선이에요.

문영수 씨는 권 씨처럼 대학까지 줄곧 조선학교를 졸업하고 대학 교원으로 있는 재일 2세이다.

1939년.

문 씨의 아버지가 7세 때, 조선 경상도에서 조부모와 함께 밀항으로 바다 건너와 도쿄에서 살았다.

당시 그의 아버지 첫째 형님이 이미 일자리를 찾아 일본에 와 있었고, 둘째 형님도 조선에서 농사지을 땅이 없어 일제가 모집하는 징용에 신청하여 일본 큐슈의 탄광에서 일하고 있었다.

'일본에 오길 정말 잘했다.'

그의 조부모는 몰래 막걸리를 빚어 팔고 내장을 구워 팔았는데, 당시 어렸던 그의 아버지는 조선에서 먹지 못하던 국수와 쌀밥을 일본에 와서 배불리 먹고는 이렇게 생각했다고 한다.

그런데 아이러니하게도 그의 아버지는 나중에 재일 단체 중에서도 일본 사회와 가장 첨예한 대립각을 세워온 조선인 총연합에서 평생 전임으로 활동했다고 한다.

그 후, 그의 아버지 형제 가족 중에 북송사업 당시 북한으로 간 사람도 있고 또 해방 전에는 중국 만주로 간 사람도 있어, 지금까지도 중국과 한국과 북한과 일본의 4개국에 가족 친척이 뿔뿔이 흩어져 사는 이산가족이 되었다.

과거, 조선의 망국으로 생겨난 조선인 이산가족의 전형적인 유형인 것인데, 그 후 지금 이 시대까지도 서로 자유로이 왕래를 못 하는 분단국가의 이산가족으로 이어져 온 셈이다.

문 씨에게 조선적을 바꾸지 않은 이유를 물었을 때, 갈라진 두 나라 중에서 하나를 선택할 수 없는 건 자신의 존재 자체가 그러하기 때문이라고 단호하게 말했다.

왜 내게 조선국적을 안 바꾸느냐고 물으면, 원래 조선국적은 식민지 조선이고, 그래서 그걸 바꾸는 건 자기 존재를 식민지 시기가 아닌 사람으로 되는 거니까.
일본에서 살아가며 재일의 권리를 주장해야 하는데 곤란하지 않겠소? 조선적을 한국이나 일본으로 바꿔버리면, 일본에서 조선인의 식민지 흔적은 완전히 없어져 버리죠. 식민지 흔적이 남아있어야 권리도 주장하고, 그것이 또 아이덴티티 아니에요?
나는 조선적은 식민지 조선이라고 생각하고 있어요. 우리 재일의 존재감이 없어지면 식민지 흔적도 없어져 버려.
그러니까 우리가 갖고 있는 조선적의 조선은 애초 식민지 조선을 말하는 거니까, 분단되기 전의 옛 조선이 오늘날에도 살아 있다고 할 수 있어요.

그렇다면, 송미순 씨와 정호석 씨와 문영수 씨가 고집하는 조선 국적과 또 권화정 씨가 스스로 귀속하는 나라로 생각하는 조선은, 옛 망국 조선을 말하는 과거의 표식일 뿐일까?
문 씨가 말하는 것처럼, 과거의 나라 옛 식민지 조선일 뿐일까?

그렇다면, 이들은 왜 진즉에 사라진 나라 그것도 전혀 영광스럽게 끝나지 않은 오래된 과거를 부여잡고 지금 자신의 존재와 연결하고 있는 것일까?

이들은 왜 엉뚱하게도 이제는 실재하지 않는 사라진 나라 조선에 자신을 귀속시키고 있는 것인가?

해방 후, 일본은 재일 조선인의 국적란에 출신지인 '조선'이라고 적었다.

그러나 이것은 엄밀히 말하면, 조선은 이미 없는 나라이니 실제로는 조선인의 해방 전 법적 지위였던 일본 국적을 빼앗아 무국적자로 만든 것이다.

그리고 지금까지 재일 중에는 분단된 두 개의 모국 중에 어느 한 나라에 귀속되기를 거부하고, 그러니까 두 개의 조선에서 모두 이탈하여 영주하는 나라인 일본으로 귀화하여 아예 일본인으로 살아가는 사람들이 꾸준히 증가해 왔다.

그와 반면에, 재일 조선인의 역사적 기원이 된 망국 조선을 자신의 귀속국가로 생각하는 사람들이 소수이지만 놀랍게도 지금도 있다.

애초, 해방 후에 재일 조선인 국적의 출발이었던 '조선'의 표기를 일본으로 귀화까지는 아니더라도 한국 국적으로도 안 바꾸고, 지금도 옛 조선을 국적에 표기하고 당당히 '나는 조선 국적'이라고 말하는 사람들이 그들이다.

사라진 나라 조선의 국적이라니, 조선이 내 나라라니, 조선사람이라니, 심각하게 고착된 분단국가 한국에 사는 사람의 시각에서 볼 때 잘 이해되지 않는 사고방식이 아닐 수 없다.

송미순 씨나 정호석 씨나 문영수 씨처럼 조선적인 사람은 말할 것도 없고 권화정 씨처럼 꼭 조선적이 아니어도, 재일 중에는 갈라진 조선 중의 한 나라를 자신의 나라로 생각하지 않고 나뉘어 버린 조선을 자신들 머릿속에서 하나로 통일시키려고 애쓰는 사람들이 있다.

재일은 자신들이 태어나서 거주하는 나라와 서류상 법적 소속 국가가 다르고 게다가 보통 다른 나라의 디아스포라와 달리 모국이 두 개로 분단된, 매우 복잡하고 특수한 상황에 있는 역사적 존재이다.

일반 보통국가의 성원이라면 이것들이 일치하여 하나의 나라로 귀속될 테지만, 이들은 현실적으로 소속된 나라와 법적 귀속국가와 또 스스로 심리적으로 귀속시키는 나라가 여럿이어서, 이 귀속국가들이 딱 일치하지 않는 경우가 많다.

그러니까, 21세기 이 시대에 이들이 19세기 나라 조선을 말하는 건, 자신들의 귀속국가가 여럿인 데서 오는 현실적인 불일치와 혼돈을 머릿속에서나마 상상으로 일치시키려는 그들 나름의 일종의 심리적인 해법일지도 모른다.

현실적이고 법적이고 심리적인 귀속국가가 여럿이고 그것이 일치하지 않는 균열에서 야기되는 자기 정체성의 분열과 곤혹감을 상상 속에서 좁히고 해소하며 통합하려는 하나의 해법으로 말이다.

물론, 앞서 송미순 씨가 말한 것처럼, 이들이 겪는 정체성의 균열을 해소하는 가장 쉬운 방법은 귀화하여 일본인이 되면 가장 간단히 해결될 일인지 모른다.

그러니까, 이들이 지금 시대에도 열정적으로 옛 조선을 말하는 이유가, 정체성의 분열과 혼란을 마음속에서나마 용해해 통합하려는 심리적인 자구책이든 아니면 모국이 하나의 조선으로 되길 바라는 강한 통일 열망이든 간에, 이주 역사가 100년이 지났는데도 아직도 자신들의 겉모습인 섬나라 사람의 얼굴을 내면까지 받아들이지 않고, 구태여 차별받고 멸시받는 '조센진'의 얼굴로 살고자 애쓰는 사람들의 필사적인 노력의 한 방편인 것만은 분명하다.

단일민족 나라라고 주장하는 대단히 배타적인 일본 사회에서, 재일은 주류 일본인들에게 오랫동안 '보이지 않는 존재'로 살아왔고, 이건 또 지리적으로 떨어진 모국인 한국에서도 보이지 않는 존재이기는 마찬가지였다.

일본 국적자이지만, 난 일본인이 아니라고 말하는 사람.

또, 한국에서 살아본 적 없지만, 난 한국인이라고 말하는 사람.

또, 내 아내는 일본인이지만, 난 조선인이라고 말하는 사람.

또, 내 자식은 일본인이지만, 난 한국인이라고 말하는 사람.

또, 내 부모는 일본인이지만, 난 재일이라고 말하는 사람.

또, 내 아버지는 일본인이지만, 난 재일이라고 말하는 사람.

또, 조선은 없는 나라이지만, 난 조선인이라고 말하는 사람.

또, 한국 국적자이지만, 난 한국인이 아니라고 말하는 사람.

그런데도 하나같이 자신을 '재일' '조선인'이라고 말하는 사람들.

주위 일본인은 그들의 존재조차 잘 모르거나 아니면 짐승처럼 아래로 깔보고, 모국의 한국인은 그들을 외국인으로 보고 같은 무리에 끼워주지 않는데도 말이다.

그러니, 이들이 진즉에 사라진 조선을 자신의 귀속국가로 설정하고 말하는 게 여하한 이유에서든 간에, 그들의 심리적인 해법이 단지 개인의 상상과 희망 사항으로만 그치지 말고 현실로 실현되기를, 그리하여 그들이 꿈꾸는 조선이 부정적이고 불리한 과거의 기호가 아니라 긍정적이고 유리한 미래지향의 기호로 반전되기를 나도 같이 소망해본다.

김현선

망국 분단 전쟁 군사정권으로 이어진 근현대를 약자와 외부의 시선으로 조망하는 데 관심을 갖고, 망국의 시기 일본, 중국, 구소련 나라들로 이주해 사는 코리안 디아스포라의 국내외 조사를 진행해 왔다.

저서로 『연변 사계(이담북스, 2019)』 등이 있다.

호랑이 나라

초판인쇄 2020년 8월 21일
초판발행 2020년 8월 21일

지은이 김현선
펴낸이 채종준
펴낸곳 한국학술정보㈜
주소 경기도 파주시 회동길 230(문발동)
전화 031) 908-3181(대표)
팩스 031) 908-3189
홈페이지 http://ebook.kstudy.com
전자우편 출판사업부 publish@kstudy.com
등록 제일산-115호(2000. 6. 19)

ISBN 979-11-6603-054-3 03330